Jürgen Hübschen

Opa werden, das ist schwer, Opa sein, dann gar nicht mehr

agenda

Jürgen Hübschen

Opa werden, das ist schwer, Opa sein, dann gar nicht mehr

agenda Verlag
Münster
2016

Bibliografische Information der Deutschen Nationalbibliothek

Die Deutsche Nationalbibliothek verzeichnet diese Publikation in der Deutschen Nationalbibliografie; detaillierte bibliografische Daten sind im Internet über http://dnb.d-nb.de abrufbar.

Drubbel 4, D-48143 Münster
Tel.: +49-(0)251-799610 | Fax +49-(0)251-799519
www.agenda.de | info@agenda.de

Umschlagfoto: Matthias Hübschen
Layout, Satz und Umschlaggestaltung:
Rosalia Kopplin, Sharin Leitheiser

Druck & Bindung: MCP, Marki, Polen

ISBN 978-3-89688-557-9

Inhaltsverzeichnis

Vorwort

Vater werden ist nicht schwer, Vater sein dagegen sehr. Dieses Sprichwort kennt wohl jeder, und die Mehrzahl von uns sieht das auch so. Aber was ist eigentlich mit dem Opa Werden und dem Opa Sein? Gilt das Sprichwort für den Fall analog oder ist es damit vielleicht anders, vielleicht sogar umgekehrt?

Genau mit dieser Frage beschäftigt sich dieses kleine Büchlein und versucht darauf eine Antwort zu geben.

Die geneigten Leserinnen und Leser fragen in diesem Zusammenhang natürlich zu Recht, ob der Autor eigentlich überhaupt kompetent ist, sich mit dieser Thematik auseinanderzusetzen.

Im Klartext heißt das, ob ich befugt bin, die Frage zu beantworten und woraus ich meine Kompetenz ableite. Die Antwort ist total einfach: Meine Frau und ich oder, um es noch konkreter zusagen: Meine lebenslange Frau und ich haben vier erwachsene Kinder, drei Söhne und eine Tochter, die uns im Laufe der letzten fast 12 Jahre, 7 Enkelkinder geschenkt und ein 8. in Auftrag gegeben haben.

Daraus könnte man den Schluss ziehen, dass dieses Opa Werden also auch nicht schwer ist, weil wir die Enkel ja einfach so bekommen haben, also scheinbar ohne eigenes Zutun. Und da genau irrt der unbedarfte Beobachter, weil er nämlich vergisst, was eigentlich alles vorher passieren muss, bevor man diesen Opa-Status erreicht.

Und wie es dann so mit den Enkeln ist, also dieses Opa Sein, das ist ja ein völlig anderes Thema.

Wer also über die Voraussetzungen für das Opa Werden mehr wissen will und darüber hinaus interessiert ist zu erfahren, was es mit dem Opa Sein auf sich hat, dem empfehle ich die Lektüre dieses kleinen Buches.

Greven im Sommer 2016

P.S.
Ob das mit dem Oma Werden und Oma Sein so ähnlich ist, könnte ich mir zwar vorstellen, aber darüber sollen die Omas lieber selber schreiben!!

Opa, was oder wer ist das überhaupt?

Im Laufe eines langen Lebens und dem Verfassen der unterschiedlichsten mehr oder weniger wissenschaftlichen Arbeiten oder auch Vorträgen, habe ich gelernt, dass es sinnvoll, eigentlich sogar notwendig ist, wesentliche Begriffe zu definieren und außerdem das Thema einzugrenzen. Man legt also für sich ganz subjektiv fest, was unter einem bestimmten Begriff zu verstehen ist und was eben nicht und wie und warum man das Thema eingrenzen möchte. Im Regelfall dient eine solche Eingrenzung der eigenen Trägheit aber auch der zeitlichen Belastung der betreffenden oder vielleicht auch betroffenen Leser, natürlich auch Leserinnen und/oder der Zuhörer und deren weiblichen Pendanten (oder wie heißt die weibliche Form von Pendants?)

Damit nun nicht der Eindruck entsteht, es handele sich bei diesem Büchlein um den Versuch eines trivial-wissenschaftlichen Werkes, will ich nur noch schnell sagen, was für mich im konkreten Fall ein Opa ist, und was nicht.

Also, ein klassischer Opa ist ein Mann, der eine Oma zur Frau hat oder in traurigen Fällen vielleicht einmal hatte. Es handelt sich also nicht einfach um irgendeinen alten Mann, Knacker oder feinen älteren Herrn, der lediglich schon ziemlich lange auf der Welt ist, sondern eben um den Ehemann einer Frau, mit der er schon so lange ein gemeinsames Leben führt, dass er sich kaum noch erinnern kann, wann das eigentlich angefangen hat. In diesem Büchlein ist der Opa der Mann von der Oma, die früher mal seine Frau, davor seine Verlobte und noch weiter davor seine Freundin gewesen ist.

Ich weiß, dass es natürlich auch den s.g. Patchwork Großvater gibt, also einen Opa, der diesen Status praktisch ohne entscheidende Eigenleistung erworben hat, weil die Patchwork-Oma das Enkelkind oder die Enkelkinder schon mitgebracht hat. So ein Old-Timer muss ja theoretisch nicht einmal eigene Kinder haben, um mit Enkelkindern prahlen zu können. Diese Sorte Opa nehme ich zwar zur Kenntnis, ist aber in meinem kleinen Büchlein nur eine Randerscheinung.

Ich bin ja Westfale, genauer gesagt Münsterländer, und deshalb geht es in diesem Büchlein schlicht und einfach um den Menschen, den die Enkelkinder Opa nennen und zwar mit zwei „P", also die klassische Opa Ausführung.

Früher, in dieser bewussten Zeit, die manche als die gute alte verklären, in dieser Zeit hatte so ein klassischer Opa immer eine normale Stoffhose an, dazu ein Oberhemd, manchmal mit auswechselbarem Kragen und, wenn es kalt war noch eine von Oma gestrickte Wolljacke. Die Hose hatte keinen Gürtel, sondern Hosenträger und zwar solche, die vorne links und rechts mit jeweils zwei Enden aus Leder an insgesamt 4 Hosenknöpfen befestigt wurden. Nun hält ja so eine Hose nicht, wenn die Träger nur vorne festgemacht werden, und deshalb gab es natürlich hinten auch aus Leder gefertigte solide Enden. Wenn der Hosenträger praktisch auf halber Strecke zwischen Nacken und Hose geteilt war, dann gab es an der Hose hinten auch links und rechts jeweils 2 Knöpfe, wobei die Knopfpaare natürlich nicht denselben Abstand von einander hatten wie vorne, weil es auch früher schon hinten keinen Bauch gab. Bestand der Hosenträger hinten aus nur einem Strang, dann wurde dieser an nur zwei Lederenden an insgesamt nur zwei Knöpfen befestigt. Diese Knöppe, wie man im Münsterland sagt, befanden sich links und rechts von der Hosenmitte oder, wenn man will, links und rechts in der Verlängerung der Porille.

So ein Opa hatte mindestens einen Schnauzbart, aber noch öfter einen Gesichtsschmuck wie Kaiser Wilhelm.

Tagsüber machte Opa alles Mögliche und erledigte vor allem die Dinge, zu denen die Eltern nicht kamen, wie man so schön sagte oder aus deren Sicht einfach nicht wichtig waren. Als Enkelkind konnte man nicht nur zuschauen, sondern durfte beim Opa alles mitmachen, und wenn Opa danach war, hat er dabei auch was erzählt oder eben Dinge erklärt, die man sonst vielleicht nie oder erst Jahre später gelernt hätte. So ein Opa war natürlich auch im Krieg gewesen, aber davon hat er nie erzählt.

Abends saß er im Lehnstuhl, gern direkt neben dem Küchenofen, rauchte eine Pfeife oder einen Zehner-Stumpen und hing seinen Gedanken nach. Ein Opa war meistens wenig gesprächig, es sei denn ein Enkelkind setzte sich auf seinen Schoß und löcherte ihn mit allen möglichen Fragen.

Wenn Opa in die Stadt ging, egal, ob nur so oder in die Kirche oder ins Gasthaus, trug er meistens einen Anzug und zwar mit Weste, den sonst hätte er ja keinen Platz für die Taschenuhr gehabt. Natürlich hatte Opa immer einen Hut auf und meistens auch einen Spazierstock dabei, der unten eine Metallspitze hatte und manchmal sogar selbst geschnitzt war. Unsere Eltern und auch wir Kinder benutzten Opas Stock immer, wenn wir am Ende des Sommers Brombeeren pflückten. Wir hauten damit die Brennnesseln runter und oder zogen mit dem Handgriff die Ranken so zu uns ran, dass wir die dicksten Beeren ernten konnten.

Solche Opas mit Schnauzbart oder Kaiser Wilhelm Gesichtsschmuck, Taschenuhr und Stock sind mittlerweile fast ausgestorben, und jeder von uns sollte froh und dankbar sein, wenn er so einen ganz besonderen Menschen noch erleben durfte.

Und wie sieht so ein Opa heute aus? Kann man am Äußeren erkennen, ob es sich bei einem Mann mittleren Alters oder, wie man so schön sagt, bei einem älteren Herrn um einen Großvater handelt?

Hat so ein Mann viele oder nur noch wenige Haare und sind diese blond, schwarz, rot oder auf jeden Fall grau oder sogar schon weiß? Geht er noch gerade oder schon gebeugt? Hat er einen Stock oder vielleicht sogar schon einen Rollator? Wenn er in Begleitung einer Dame ist, handelt es sich dann um eine Oma? Wenn ein Mann in der Stadt einen Kinderwagen schiebt, kann man dann ausschließen, dass es sich um einen Opa handelt? Ist ein Mann mit einem kleinen Kind an der Hand immer ein Vater oder könnte es auch ein Großvater sein? Sieht man einen Mann auf einem Mountain- oder Trecking Rad, schließt das aus, dass zu Hause ein Enkelkind auf ihn wartet? Ist ein Mann, der den Giebel seines Hauses mit einem neuen Anstrich versieht, immer nur ein Anstreicher oder könnte es auch ein Großvater sein? Sieht man im Flughafen ein offensichtlich glückliches Paar mit einem etwas länger zurückliegenden Herstellungsdatum, kann man da sicher sein, dass es sich um Großeltern handelt? Trifft man im Freibad einen Herrn, dessen Schulzeit offensichtlich schon länger zurückliegt, der aber krault wie ein Zwanzigjähriger, könnte das ein Opa sein oder in gar keinem Fall?

Wenn man im Sommer jemanden in kurzen Hosen sieht, dessen Beine offensichtlich schon lange keine Sonne mehr gesehen haben, ist das einer aus dieser Spezies der Opas, obwohl er zu seinen Sandalen keine Socken trägt?

Wir könnten diese Liste von Fragen ein ganzes Kapitel lang fortsetzen und hätten noch immer keine verlässlichen Merkmale, ob es sich bei einem Herrn älteren Semesters um einen Opa handelt oder nicht, weil die heutigen Opas meistens nicht zweifelsfrei als solche zu erkennen sind. Es gibt eben, wie man so schön sagt, sonne und sonne.

Natürlich ist ein Opa in jedem Fall schon ziemlich lange auf der Welt, aber er sieht nicht immer danach aus, bzw. kann man durchaus auf alte Knacker treffen und im Gespräch stellt sich heraus, dass sie noch nicht einmal Väter sind, geschweige denn stolze Besitzer von Enkelkindern. Es gibt ausgesprochen aktive Männer, die schon 70 Jahre alt sind und völlig abgeschlaffte Typen in dcn 60gern, die auch noch miesepriemig aus der Wäsche gucken, vielleicht weil sie es nicht schaffen, Großväter zu werden oder gar keine Lust dazu haben. Wer hat auf Elternabenden oder

Schulabschlussfeiern nicht schon gedacht, dass von einigen Kindern oder Jugendlichen die Großeltern dabei wären, und in Wirklichkeit handelte es sich nur um alte bzw. um es etwas netter auszudrücken, spätberufene Eltern.

Gibt es also wirklich überhaupt keine Indizien dafür, Männer als Großväter zu identifizieren? Gilt übrigens natürlich auch für Großmütter, aber, ich muss das immer wieder sagen, diese Omi-Menschen sind nicht Thema dieses kleinen Büchleins.

Sind heutige Opas vielleicht doch auf irgendeine Art und Weise als solche einzuordnen? An den Klamotten kann man es sicherlich nicht festmachen, häufig sogar ganz im Gegenteil, wenn ich an solche Exemplare denke, die sich mit 70 und darüber, von wem auch immer, zu roten Hosen überreden lassen oder, was ich noch deutlich schlimmer fände, sich freiwillig selber solche kaufen. Auch an den Aktivitäten ist nicht einwandfrei zu erkennen, ob ältere männliche Exemplare bereits den Opa-Status haben. Nein, an Hand von physischen Merkmalen oder Äußerlichkeiten kann man kein sicheres Urteil fällen. Nein, ein Opa ist meistens ein Mann, der für sein Alter nicht nur deutlich jünger scheint als andere desselben Herstellungsjahres, sondern es auch ist, obwohl das physisch natürlich eigentlich ausgeschlossen werden müsste. Aber darum geht es nicht, sondern um Lebensfreude, positives Denken, innere Ausgeglichenheit, Zufriedenheit mit dem eigenen Alter, Akzeptanz vorhandener kleinerer oder größerer Zipperlein, Vertrauen in die Zukunft, ja letztlich geht es um das Glücklich Sein.

Und als Opa ist man ein glücklicher Mensch, weil die

Enkelkinder einen Großvater eigentlich gar nicht älter werden lassen und ihm ständig vor Augen führen, dass das Leben durch sie und völlig ohne Opas eigenes Zutun weitergeht.

Kann es was Schöneres geben? Ich glaube nicht.

Aber, man muss es eben erst einmal werden, und das ist gar nicht so einfach. Vor allem aber ist es keine Selbstverständlichkeit, und das werde ich Euch jetzt beweisen!

Kinder² oder ohne Kinder keine Enkel

Die Definitionsphase ist jetzt abgeschlossen, und einige grundsätzliche Verständnisfragen sind hoffentlich auch schon geklärt, sodass wir jetzt quasi in medias res gehen können, wie man früher zu sagen pflegte, als man sich für den Erwerb des Großen Latinums noch 9 Jahre lang auf einem humanistischen Gymnasium den Hintern platt drücken musste.

Die Behauptung, dass es schwer ist, Opa zu werden, leuchtet dem Laien im Regelfall nicht ein, weil er noch nie darüber nachgedacht hat. Zeit für uns, es einmal zu tun, und zwar zunächst grundsätzlich:

So ein Opa - dasselbe gilt natürlich auch für eine Oma, bevor mir diese Gender Fanatikerinnen ins Gesicht springen - also so ein Opa, das ist ein Mensch, für dessen Entwicklung oder sagen wir besser Entstehung, drei Generationen benötigt werden. In Zahlen ausgedrückt, muss man dafür im Regelfall 50 Jahre veranschlagen, meistens sogar noch deutlich mehr.

Im Klartext heißt das, ein Mann muss zunächst einmal selbst geboren werden, damit er möglicherweise ein paar Jahrzehnte später diesen aus meiner Sicht erstrebenswerten Status eines Großvaters erreichen kann, um es einmal förmlich auszudrücken.

So, wenn jetzt dieses Baby mit den kleinen blauen Socken auf der Welt ist, wächst es ja erst einmal ohne konkreten

Bezug zum anderen Geschlecht auf, wenn man einmal von seiner Mutter und vielleicht noch einer Schwester, im eher seltenen Fall mehrerer Schwestern absieht. Hat so ein kleiner Junge wirklich mehrere Schwestern, macht es durchaus einen Unterschied, ob diese jünger oder älter sind, weil das Einfluss auf die Entwicklung des eigenen und auch des anderen Geschlechts haben kann. Wenn die Schwester oder Schwestern jünger ist bzw. sind, dann ist/sind sie für einen heranwachsenden Jungen eher lästig, weil man mit ihr/ihnen nur wenig anfangen kann. Ist/sind sie dagegen älter, könnte der kleine Bruder durchaus als Aufklärungsobjekt oder vielleicht sogar als Versuchskaninchen dienen, ohne jetzt hier weiter ins Detail zu gehen. Jedenfalls können ältere Schwestern durchaus geeignet sein, ein mehr oder weniger großes Interesse für das weibliche Geschlecht zu entwickeln. Das Gegenteil ist allerdings auch nicht auszuschließen!

Sie fragen sich jetzt vielleicht, was das alles mit dem Opa Werden zu tun haben soll, warten Sie es ab, ein Schritt nach dem anderen.

Fand man als Junge bis zu einem gewissen Alter Mädchen eher blöd, so ändert sich das meistens spätestens mit den ersten Anzeichen der Pubertät; falls man größere Schwestern hat, vielleicht sogar schon etwas früher, wie bereits erwähnt. Damals, in der guten alten Zeit, gab es ja noch keine Co-Edukation an den weiterführenden Schulen, was eine gewisse Bremse auf dem Weg zum weiblichen Geschlecht darstellte. Da war dann die Tanzstunde meistens die erste Gelegenheit, ein Mädchen auch in der Öffentlichkeit mal anzufassen.

Trotz dieser gesellschaftlichen Abstandhalter hat es die Generation, die heute, wenn sie Glück hat, als Omis und Opas durch die Gegend läuft, ja geschafft, sich zu verlieben, zu verloben, - damals war das ja noch üblich - zu heiraten und Kinder in die Welt zu setzen. Auch damals war die Welt übrigens nicht viel besser als heute, nur haben wir uns darüber nicht so viele Gedanken gemacht.

Wir haben die Kinder groß gezogen, ihnen die bestmögliche Ausbildung geboten und sie nach Abschluss ihrer Berufsausbildung schließlich in ein eigenständiges Leben entlassen.

Damit haben wir selbst die Grundvoraussetzung für unser theoretisches Großeltern-Dasein geschaffen, aber eben nur die Grundlage.

Für unsere Kinder scheint in der Beziehung zum anderen Geschlecht heute vieles einfacher geworden zu sein, aber vielleicht nur auf den ersten Blick, weil es ja auch heute nicht immer das richtige Mädchen ist, das man anfassen kann, um es einmal so zu formulieren. Unseren drei Söhnen habe ich als jungen Männern den Rat mitgegeben, nur mit solchen Mädchen ins Bett zu gehen, die sie - natürlich nur im Notfall - auch heiraten könnten.

So, jetzt sind wir auf dem Weg zum Opa in der Probierphase, welches Mädchen wohl mal die eigene Frau werden könnte und, was unter dem Opa-Aspekt noch viel wichtiger ist, welche wohl die Richtige wäre, um die Mutter der noch völlig theoretischen Kinder zu werden. Den jungen Mann beschäftigt das Ganze natürlich zu diesem Zeitpunkt überhaupt nicht. Ihn interessiert die junge Frau und - um es einmal direkt zu sagen - ob er sie rumkriegt. Dieses Ausprobieren dauert unterschiedlich lange bis irgendwann ein Mädchen auftaucht, das anders ist und den „Lab-Aspekt“, diesen Lebensabschnittsbegleiterin-Ansatz, ganz offensichtlich in die Zeit des „es war einmal“ verschiebt. Jetzt wird es auf einmal ernst. Mittlerweile ist der junge Mann irgendwo Mitte 20, und es startet die, früher undenkbare, Phase des Zusammenlebens auf Probe. Jetzt will man checken, wie das ist, wenn zwei Zahnbürsten im selben Becher stehen, man über das Fernsehprogramm nicht mehr allein entscheiden kann, auch das nach Hause-Kommen wann man will der Vergangenheit angehört und, was noch viel revolutionärer ist, man morgens immer neben derselben Frau aufwacht. Und es passiert jetzt immer mal wieder, dass man, wenn man nachts kurz auf der Toilette war oder einen Schluck Wasser in der Küche getrunken hat, bevor man wieder einschläft, diese junge Frau, die da im gemeinsamen Bett liegt, anschaut und sich die Frage stellt, ob man mit ihr wirklich das ganze Leben teilen möchte, und sie vielleicht später sogar mal die Mutter eigener Kinder sein könnte. Einerseits wäre das sicherlich schön, aber auf der anderen Seite fürchtet man sich auch vor dieser Endgültigkeit. Ist ja irgendwie auch ein missverständliches Wort, diese Endgültigkeit, hat irgendwie etwas von lebenslänglich.

Wenn dann aber die Entscheidung getroffen wurde und man vor dem Standesbeamten und häufig ja auch vor dem Traualtar stand und „Ja“ gesagt hat, dann ist ein wichtiger

Schritt auf dem Weg zum klassischen Opa getan, ohne dass man sich dessen in diesem Moment bewusst ist. Jetzt genießt man sich erst mal gegenseitig und mit Kindern will man sich, wenn überhaupt, erst einmal noch Zeit lassen. Man steht im Beruf noch am Anfang, und die finanzielle Situation könnte sicherlich auch besser sein. Diese Überlegungen waren in der guten alten Zeit eher weniger ausgeprägt. Man hat geheiratet und dann kamen die Kinder, meistens zwei, manchmal auch drei, wobei man damit schon ein bisschen asozial war, und wenn man, wie meine Frau und ich, sogar vier hatte, rückte man schnell in die Nähe von Triebtätern!

Doch auch in der heutigen Generation kommt man früher oder später zu dem Punkt, wo das Thema „Kinder“ und damit für den Mann ein weiterer wichtiger Schritt auf dem Weg zum Opa akut wird.

Ich denke, das ist jetzt Stoff für eine neue Geschichte.

Alte Väter - alte Opas

So, mit der Hochzeit des eigenen Kindes ist theoretisch ein wichtiger Schritt zum Opa werden gemacht. Das Problem ist nur, dass die Kinder ihre Hochzeit überhaupt nicht unter diesem Gesichtspunkt sehen. Sie freuen sich einfach an- und miteinander und haben im Normalfall keine Ahnung von den Sehnsüchten ihrer mehr oder weniger alten Eltern. Es sei denn, ihre eigenen Erzeuger haben ihre Erwartungen in Bezug auf Enkelkinder unmissverständlich formuliert, was öfter passiert, als man vielleicht annimmt... . Im Regelfall sind nämlich die Zeiten längst vorbei, in denen Eltern Angst hatten, zu früh Opa und Oma zu werden und damit endlich zum alten Eisen zu gehören. Ich höre meinen Schwiegervater noch sagen: „Macht mich bloß nicht zum Opa, bevor ich 50 bin.“ Wir haben ihm den Wunsch nicht erfüllt, weil wir ihn entweder nicht verstanden haben oder es uns schlicht und ergreifend einfach total egal war. Er war jedenfalls erst 49, als unser ältester Sohn und damit sein erstes Enkelkind auf die Welt kam. Waren das noch Zeiten oder war es vielleicht doch diese gute- na ja, Sie wissen schon...!

Heute werden bei einem Opa in Lauerstellung ganz andere Rechnungen aufgestellt und vor allem auch fast panikartige Überlegungen angcstcllt, was wäre nämlich, wenn man überhaupt kein Enkelkind bekäme und damit früher oder später nicht als Großvater, sondern schlicht und einfach im ruhmlosen Status als ganz ordinärer Vater das Zeitliche segnen würde. Das sind ja bei uns in Deutschland durchaus berechtigte Befürchtungen, wenn ein typisches germanisches Ehepaar heute im Schnitt lediglich 1,4 Kinder hat, wobei dieses 0,4 Kind ja eher einen theoretischen Wert darstellt, weil Kinder erfahrungsgemäß nur als Ganzes zählen...Aber, wie bereits gesagt, von diesen väterlich Gedanken, weiß das eigene Kind häufig nicht, und man würde sie als Vater - vielleicht im Gegensatz zur Mutter? - in der Regel auch niemals aussprechen. Stattdessen heuchelt man Verständnis, wenn die potenziellen Opa-Macher zu verstehen geben, dass man nicht jahrelang gearbeitet oder studiert hab - was übrigens nicht immer identisch ist... - um sich jetzt schon mit Windel wechseln und ähnlich niederen Tätigkeiten seine beruflichen Perspektiven zu versauen. Und wenn das betreffende eigene Kind auch noch ein Sohn ist, wird es noch schwieriger dieses sensitive Thema anzusprechen, weil ja, bei aller Liebe, eine Schwiegertochter, doch nicht dasselbe ist wie eine Tochter.

Welcher potenzielle Opa hat noch nicht diese Sprüche gehört, wie: „Mit Kindern wollen wir uns noch Zeit lassen“ oder, was noch viel schlimmer klingt: „ Kann man heutzutage überhaupt noch verantworten, Kinder in diese Welt zu setzen?“

Haben denn diese jungen Leute überhaupt keine Ahnung, dass Zeit ein total relativer Begriff ist und diese Welt zur Zeit ihrer eigenen Geburt auch keine bessere war? Mag ja sein, dass man zwischen 30 und 40 wirklich noch alle Zeit der Welt hat, aber fest steht, dass ihre Väter mit über 50, bei allem Optimismus, die 1. Lebenshälfte deutlich überschritten haben. Übrigens, auch 30jährige haben sich in puncto Zeit nicht selten total überschätzt, vor allem, wenn es ums Thema Kinder-Kriegen geht. Mein einziger und noch älterer Bruder, der ein ganzes Berufsleben lang Gynäkologe war, hat mir mehrfach gesagt, dass unter rein körperlichen Aspekten und Kriterien die Zeitspanne zwischen dem 18. und 25. Lebensjahr für Frauen das beste Alter wäre, um komplikationslos Kinder zu gebären. Das wäre keine Erkenntnis aus der berühmten guten alten Zeit, sondern habe, trotz aller medizinischer Fortschritte, auch heute noch Gültigkeit.

Aber dieses Wissen muss ein auf den Opa-Status hoffender Vater natürlich in seinem Herzen bewahren, wenn er keine Revolution in der eigenen Familie riskieren will.

Doch irgendwann erfährt dann dieser alternde Vater von seiner lebenslangen Frau - nicht zu verwechseln mit lebenslänglich, obwohl das bisweilen aufs Selbe rauskommt, aber das wäre eine andere Geschichte- also von dieser Immer-Ehefrau, dieser theoretischen Omi, dass sie den Eindruck habe, dass die Schwiegertochter die Pille abgesetzt habe oder es zumindest Überlegungen in diese Richtung gebe, wenn sie unseren Sohn richtig verstanden habe. Das ist zwar einerseits eine grundsätzlich positive Information, könnte sich aber andererseits als Gerücht oder Wishful Thinking entpuppen, wie man auf Neuhochdeutsch zu sagen pflegt.

Bei der eigenen Tochter könnte es dagegen sein, dass sie gegenüber ihre Mutter, natürlich unter dem Siegel der Verschwiegenheit, eine Aussage macht, wie z.B. diese: „Du,

Mami, Sven ist der Meinung, ich könne so langsam mal die Pille absetzen. Was hältst Du davon? Du hast mich doch schon mit 25 bekommen, und ich bin jetzt bald 10 Jahre älter als Du damals warst". Als gewiefte Mutter nimmt man so eine Aussage natürlich total gelassen zur Kenntnis, obwohl man sich zwingen muss, keinen Luftsprung zu machen. Bloß keine Erwartungshaltung erkennen lassen und dadurch womöglich noch Druck aufbauen! Stattdessen gibt man die coole Antwort: „Ja, eigentlich hast Du Recht, aber habt Ihr Euch das auch gut überlegt? So ein Kind kann Euer Leben ganz schön verändern." In Wirklichkeit weiß man als Mutter natürlich genau, dass so ein Kind das Leben nicht nur verändert, sondern, vor allem am Anfang, völlig auf den Kopf stellt. Aber so blöd ist man als sehnsüchtige potenzielle Omi natürlich nicht, das zu sagen. Man vertieft das Gespräch mit der Tochter in so einem Moment auch nicht, weil das Thema dadurch möglicherweise irgendwie zu wichtig erscheinen könnte, und das will man auf gar keinen Fall. Bloß kein Risiko eingehen bei dieser häufig ziemlich Kopf gesteuerten Generation.

Das Einzige, was man nach so einem Gespräch als Mutter sofort macht, ist das Einweihen des völlig ahnungslosen Vaters dieser Tochter, also des geliebten Ehemanns, dem aber sofort eingebläut wird, das Thema bei der Tochter bloß nicht anzusprechen. Als wenn wir Männer so naiv wären. Wir kennen uns schließlich mit Taktik bestens aus, übrigens nicht zu verwechseln mit Takt, bei dem wir zugegebener Maßen bisweilen einige, wenn auch nur marginale Defizite haben.

Allerdings ist man gespannt wie ein Flitzebogen, ob und wann die Tochter oder der Sohn auch beim eigenen Vater die Familienplanungsabsicht thematisiert. Wenn das endlich passiert, verläuft so ein Gespräch zwischen Vater und Sohn betont sachlich, fast schon geschäftsmäßig. Nach der grundsätzlichen Information über eine Konkretisierung der Familienplanung werden hauptsächlich finanzielle und gesellschaftspolitische Aspekte angesprochen und näher beleuchtet. So ein Gespräch beginnt meistens irgendwie mit: „Mami hat Dir wahrscheinlich schon gesagt, dass wir beabsichtigen, mit der Familienplanung zu beginnen, obwohl man sich das in diesen Zeiten ja genau überlegen muss. Man übernimmt mit so einem Kind durchaus eine gewisse Verantwortung, und auch den finanziellen Aspekt sollte man sicherlich nicht unterschätzen; siehst Du doch bestimmt genauso, oder?“ Als Vater hört man sich das alles scheinbar völlig gelassen an und ist dabei krampfhaft bemüht, dieses kleine Flämmchen „Familienplanung“ nicht durch einen zu ernsten Blick oder eine vorschnelle Kommentierung auszupusten. Deshalb stellt man die Risiken im Zusammenhang mit der wie immer instabilen Weltlage als in den Medien übertrieben dar und erinnert an die uralte Journalisten-Weisheit „bad news are good news“. Was die finanzielle Seite des „Kinder in die Welt Setzen“ angeht, bagatellisiert man diese geradezu mit Hinweisen auf Kindergeld, Steuervergünstigungen, manchmal sogar für bestimmte Altersgruppen kostenlose Kita-Plätze usw. Kein Wort über all die kleinen und großen Veränderungen und Anforderungen, die so ein neuer Erdenbürger mit sich bringt, bis er flügge wird und die ja auch danach, wenn man ehrlich ist, noch nicht aufhören.

Im nächsten Kapitel möchte ich mal, quasi als eine Art guide-line, die wichtigsten Dinge auflisten, die de facto Tabu-Themen darstellen, wenn man seine Kinder in deren Familienplanung nicht unnötig verschrecken will .

Die Tabu-Liste

Wenn ein Opa in Lauerstellung sich nicht selbst seine Erfolgschancen versauen will, sollte er bestimmte Themen nicht ansprechen, wenn die eigenen Kinder die Familienplanung konkretisieren wollen.

Die nachfolgenden Tabu-Themen erheben keinen Anspruch auf Vollständigkeit, basieren aber auf sehr soliden Erfahrungswerten eines vierfachen Familienvaters und seiner diversen Freunde und Bekannten mit Elternstatus.

Ich hatte den aufmerksamen Leserinnen und Lesern ja bereits geschrieben, dass ein Kind das Leben seiner Eltern völlig auf den Kopf stellt, und das beginnt nicht erst mit der Geburt, sondern bereits mit der gesicherten und vom Arzt bestätigten Schwangerschaft. Das ist ein Fakt, aber man sollte als Vater dem Nachwuchs die Details nicht warnend vor Augen führen, sondern vielmehr darauf setzen, dass er eigene Erfahrungen machen wird. Wenn es dann so weit sein sollte, können wir ja dann bei Bedarf mit Rat und Tat zur Seite stehen.

Damit genug der Vorrede, und auf geht´s in medias res:

Es hat sich im Leben bewährt, am besten mit dem Anfang zu beginnen, und das ist beim Kinderkriegen nach dem meistens ausgesprochen vergnüglichen Zeugungsakt nun mal die Schwangerschaft.

Da kann sich das erste überwältigende Glücksgefühl für eine werdende Mutter sehr schnell dadurch relativieren, dass sich, vor allem in den ersten Wochen eine gewisse Übelkeit einstellt, die dazu führen kann, dass man sich manche Dinge erneut durch den Kopf gehen lassen muss, um es einmal sibyllinisch zu formulieren. Man fühlt sich als Frau wie zerschlagen und hat nur wenig Verständnis dafür, dass der werdende Vater alles mehr oder weniger locker zur Kenntnis nimmt und darüber hinaus den Zeugungsvorgang durchaus und nicht nur gelegentlich wiederholen möchte. Wer hat schon Lust auf Sex, wenn einem dauernd das Essen wieder hochkommt, um es mal auf den Punkt zu bringen?

Die angehende Mutter verzichtet mehr oder weniger freiwillig auf die geliebte Zigarette und das Glas Wein am Abend, während der Mann offensichtlich nichts dabei findet, auf das Wohl von Mutter und Kind mit einem kühlen Bier anzustoßen. Mit zunehmender Dauer der Schwangerschaft kann die werdende Mutter viele geliebte Kleidungsstücke nicht mehr anziehen, und das höhere Gewicht wird zu einer Belastung im eigentlichen Sinne. Auch so ein sich wölbender Bauch kann bisweilen durchaus etwas lästig sein, und während die ersten Bewegungen dieses in ihr wachsenden Menschleins von der werdenden Mutter in der Regel als beglückend empfunden werden, kann sich das mit den echten Tritten zum Ende der Schwangerschaft durchaus marginal ändern.

Besonders beim ersten Kind sieht die werdende Mutter der Geburt sicherlich mit gemischten Gefühlen entgegen, die sie im Regelfall mit ihrem Ehemann gar nicht teilt, sondern eher mit ihrer Mutter oder der besten Freundin. Der Mann hat zwar alle möglichen Geburtsvorbereitungen, bis hin zum Üben von Presswehen - was übrigens im wahrsten Sinne des Wortes durchaus in die Hose gehen kann... - in Form von Kursen oder in klugen Büchern mitgemacht, muss sich aber bei der eigentlichen Geburt mit der Rolle als echter Nebendarsteller zufrieden geben. Dabei ist es weiß Gott nicht in allen Fällen klar, ob die Frau wirklich will, dass der Mann bei der Geburt dabei ist, und umgekehrt gilt das sicherlich genauso. Nicht alle Ehemänner sind bei der Geburt eine echte Hilfe, ohne weiter ins Detail zu gehen.

Wenn das Menschlein dann gesund auf dieser Welt ist und nicht nur die Mutter, sondern auch der Vater die Geburt gut überstanden hat, kennt das Glück über die kleine Familie keine Grenzen, zumindest solange Mutter und Kind sich wohlbehütet und bestens versorgt im Krankenhaus befinden.

Die radikalen Veränderungen ergeben sich, wenn die junge Mutter und ihr Baby nach Hause kommen. Dieser kleine Mensch übernimmt mit dem Eintreffen in der Wohnung die Hauptrolle und zwar ohne jede Generalprobe für die überforderte Mutter und den ahnungslosen Vater.

Das ist eines der heikelsten Themen, das man den in der Familienplanung befindlichen Kindern unbedingt verschweigen sollte. Kein Durchschlafen mehr, völlig gerädert sein am nächsten Tag und eine derart permanente Müdigkeit, die man sich nicht hätte vorstellen können. Man entwickelt einen völlig neuen Schlafrhythmus, so einen zwischen 2 und 3 Stunden, weil dieses neue Menschenkind ja noch nichts kann außer trinken, schlafen, schreien und die Windeln nass und voll machen. Warum sollte man davon erzählen, dass man auch dann, wenn das Baby schläft, selbst oft wachliegt, weil man horcht, ob dieser Winzling überhaupt noch atmet.

Viele junge Vater engagieren sich so gut sie können, obwohl sie mehr oder weniger stark daran zu knacken haben, als Ehemann und vor allem auch als Liebhaber über einen längeren Zeitraum nicht mehr wahrgenommen zu werden. Diese Zeitspanne kann von Paar zu Paar übrigens völlig unterschiedlich lang sein....Wenn man früher als Ehemann für die liebende Ehefrau in allen Bereichen die absolute Nummer 1 war, sozusagen der ICE auf der Hauptstrecke, findet man sich plötzlich auf dem Nebengleis wieder, das dem jungen Vater bisweilen durchaus wie ein Abstellgleis vorkommen kann.

Kaum hat sich die kleine neue Nummer 1 damit arrangiert, dass sie sich an feste Schlaf-und Essenzeiten gewöhnen muss, beginnt dieses Menschlein natürlich eine eigene Persönlichkeit zu entwickeln. Da es aber seine eigenen Vorstellungen auf Grund kleiner sprachlicher Defizite noch nicht eindeutig artikulieren kann, versucht es seine Wünsche über eine unterschiedliche Lautstärke zu äußern. Im Klartext heißt das, dass dieser kleine Erdenbürger anfängt zu schreien, wenn ihm etwas nicht passt. Für die Eltern ist es am Anfang nicht ganz leicht, zwischen Weinen und Brüllen zu unterscheiden. Wenn es dann aber zu den ersten Wutanfällen kommt, die darin gipfeln können, dass sich das Kind auf den Boden wirft, reagieren die jungen Eltern mit einer Mischung aus Staunen und Fassungslosigkeit.

Bei diesen kindlichen Zornausbrüchen muss man sich -

abgesehen von der eigenen Belastbarkeit und Nervenstärke - keine wirklichen Sorgen machen, auch wenn der Nachwuchs sich mal von Rot ins Bläuliche verfärbt. Aber wenn so ein Würmchen auf einmal Fieber hat, und das Thermometer 40° zeigt, erhöht sich der eigene Pulsschlag doch ganz erheblich. In einem solchen Moment ist man froh, wenn es noch eine Mutter gibt, die man fragen kann. Väter spielen in diesem Zusammenhang eine eher untergeordnete Rolle.

Kind und Beruf, auch dieser Konflikt ist ein Tabu-Thema mit einem ziemlich hohen Abschreckungswert in der Phase der Familienplanung. Die Vereinbarkeit von Beruf und Familie ist sicherlich für jede junge Mutter ein Problem, wenn auch vielleicht unterschiedlich groß. Die meisten Frauen sehen sich in einem Spagat, der immer wieder zu einem schlechten Gewissen führt, weil man glaubt, im Beruf nicht gut genug zu sein und auf der anderen Seite nicht genügend Zeit für das Kind und die Familie zu haben. Und wenn die junge Frau dann zu Hause noch einen Mann hat, der nicht bereit ist, irgendwelche Abstriche hinsichtlich des eigenen Services zu machen, kann die Lebensqualität schon stark beeinträchtigt werden.

Spätestens mit der Kita beginnt man das eigene Kind mit den Sprösslingen anderer Eltern zu vergleichen. Das fängt mit den Fähigkeiten der Kleinen an und hört mit den Anziehklamotten auf. Da gibt es Kinder, dic schon bcsser sprechen als der eigene Nachwuchs, und man bekommt die ersten Ratschläge, einen Logopäden aufzusuchen. Andere Kinder lernen früher laufen, kriegen eher Zähne, können schon alleine essen oder sind schon sauber, wie man so schön sagt. Diese Vergleiche können bei Eltern mit einem wenig ausgeprägten Selbstbewusstsein richtigen Stress zur Folge haben. Auch darüber bloß nicht reden in dieser Familienplanungsphase!

In der Schule kann sich das durchaus noch potenzieren, vor allem, wenn das eigene Kind ein echter Spätzünder ist. Und wenn man sich dann auf diesen ätzenden Elternabenden auch noch diese „Mütter aus Berufung“ anhören muss, kann man sich schon mal dabei erwischen, kinderlose Ehepaare zu beneiden. Doch dieses Gefühl hält Gott sei Dank nicht lange an.

Spätestens zur Einschulung des Kindes, wird einem klar, dass ein Kind auch die Notwendigkeit einer größeren Wohnung mit sich bringt, weil wir ja nicht mehr in dieser so oft besungenen Zeit leben, in der die Kinder draußen und bei schlechtem Wetter ausschließlich in der Küche spielten, sondern mittlerweile jedes Kind sein eigenes Zimmer hat. Dass größere Wohnungen auch mehr kosten, dürfte zwar klar sein, muss aber nicht unbedingt angesprochen werden. Ein kleiner, aber nicht unwichtiger Nebenaspekt eines schulpflichtigen Kindes ist es auch, dass man endlich nicht mehr in der Vorsaison Urlaub machen muss, wenn das Meer zum Baden noch zu kalt ist, und man sich in der Nachsaison auch nicht mehr über das erschöpfte Personal ärgern muss. Schulferien liegen in der Hauptsaison, und das weiß unser Geldbeutel am besten. Es wird wohl für immer ein Geheimnis der Gastronomie und des Hotelgewerbes bleiben, warum Familien mit Kindern im Urlaub dermaßen abgezockt werden. Das gilt übrigens für viele andere Bereiche auch. Wenn man gegenüber Kindern, die sich in der Familienplanung befinden auch nur andeuten würde, dass so ein Kind bis es für seinen eigenen Unterhalt sorgen kann, einen 5-6 stelligen Betrag gekostet hat, könnte es durchaus sein, dass man schon beim ersten Enkelkind ein noch älterer Opa ist oder im schlimmsten Fall gar keiner mehr wird.

Wie sich Kinder in der Pubertät verhalten, weiß man in der Regel später nicht mehr, obwohl man diese Phase ja vor mehr oder weniger vielen Jahren selbst durchgemacht und überlebt hat. Eltern sollten ihre in der Familienplanung befindlichen Kinder an diese Lebensphase tunlichst nicht erinnern. Wer fand diese blockierten Badezimmer nicht echt nervig oder diese gelangweilten Gesichter, wenn man mal ganz vorsichtig den Vorschlag gemacht hatte, aus einem möblierten Bombentrichter wieder ein mitteleuropäisches Zimmer zu machen? Welche Überzeugungsarbeit mussten wir leisten, bisweilen auch ein Machtwort sprechen, um Fernseh- und Computerzeiten zu begrenzen, was die Eltern aller anderen Kinder natürlich niemals machen würden.

Auch dieser ganz bewusste Entschluss eines pubertierenden Wesens, z.B. keine Schuhe mehr zu tragen, sondern nur noch barfuß zu laufen, ist ja kein echter Motivationsfaktor, um selber Kinder in die Welt zu setzen...

Kleine Kinder kleine Sorgen - große Kinder große Sorgen, auch diese Erkenntnis macht ja nicht wirklich Mut auf Kinder. Wer braucht schon diese Situationen, dass morgens um 3 Uhr noch immer keine Jacke an der Garderobe hängt, obwohl der Sprössling versprochen hatte, um Mitternacht wieder zu Hause zu sein? Oder die Erinnerung an die oft fruchtlosen Diskussionen, ob man statt eines Motorrads nicht lieber ein gebrauchtes Auto kaufen sollte, wozu man sich als Vater sogar einen Zuschuss vorstellen könnte. Diese Sorge, dass in der Clique auf einmal Drogen im Umlauf sind und man nicht sicher ist, ob das eigene Kind dagegen wirklich so immun ist, wie es immer behauptet. Was waren das für Diskussionen, ob es wirklich Sinn macht, nicht von der Schule abzugehen, sondern erst mal das Abi zu machen, um dann zu entscheiden, ob es wirklich ausreicht, als Hilfsarbeiter sein Geld zu verdienen.

Und dann dieses Bild, wenn morgens auf einmal ein junger Mann aus dem Zimmer der Tochter kam, den man vorher noch nie gesehen hatte. Was sind einem da alles für Gedanken durch den Kopf gegangen. Diese Sorge, die man nicht wirklich gebraucht hat, ob die Tochter wirklich konsequent die Pille nahm und auch der Herr Filius ein Kondom benutzte, anstatt mit blankem Säbel zu kämpfen, wie die jungen Herren bisweilen flapsig prahlten. Schließlich möchte man ja wohl Opa werden, aber irgendwie freiwillig und vor allem auch noch nicht in einem Alter, in dem viele junge Leute heute noch gar nicht verheiratet sind.

Der erste Liebekummer, dieses nicht mehr Weiterleben Wollen, weil irgendein junger Mann das Weite gesucht hat oder ein Mädchen plötzlich einen anderen Jungen geküsst hatte, weil er so unheimlich cool war. Das sind alles so Momente, über die man sich ja nicht unbedingt schon Gedanken machen muss, wenn man plant, selbst Kinder in die Welt zu setzen.

Nicht zu vergessen die unterschiedlichen Vorstellungen über die Gestaltung des Weihnachtsfestes, diese plötzliche Mitteilung nach der Bescherung, man wolle sich am Heiligabend noch auf ein paar Bier mit Freunden treffen. Ein hoffnungsloser Spießer, wer dafür kein Verständnis hat!

Sind dann die Kinder endlich aus dem Haus, vermisst man sie schon. Man wartet auf Anrufe, möchte gern wissen, wann es mit welchem Flieger in den Urlaub geht, und vor allem sollen sie doch öfter nach Hause kommen und zwar nicht nur wegen der Schmutzwäsche...

Diese Liste ließe sich endlos fortsetzen, aber jetzt soll es erst mal genug sein. Wichtig ist ja nur, dass man vor diesem Kind, das jetzt selbst Vater oder Mutter werden will und den eigenen Vater damit zum Opa macht, keine Horrorvisionen aufbaut. Das ist auch deshalb wichtig, weil solche Sorgen und Probleme ja schnell erzählt sind, aber danach vielleicht nicht genug Zeit bleibt, um im selben Gespräch auch deutlich zu machen, wie schön es sein kann, wenn man diese Sorgen gemeinsam besteht und Probleme zusammen bewältigt.

Also: Liebe Opas in Lauerstellung (trifft für Omis natürlich auch zu): Für die Tabu-Liste gilt die alte lateinische Weisheit: „Si tacuisses philosophus mansisses“ und zwar im handfesten Eigeninteresse; denn wenn unsere Kinder keine Kinder in die Welt setzen, wird unser Opa- Traum ein solcher bleiben!

Die Enkelkind Warteschleife Teil I

Wenn das eigene Kind, unabhängig davon, ob Tochter oder Sohn, im weitesten Sinne hat erkennen lassen, dass eine 3. Generation sich im Bereich des Möglichen befindet, beginnt für die Eltern der Kinder, also die potenziellen Großeltern eine unterschiedliche Zeit des Wartens, die mit den bekannten 9 Monaten zunächst einmal noch überhaupt nichts zu tun hat. Es war ja lediglich eine Möglichkeit ins Gespräch gebracht worden. Das darf man mit Fakten nicht verwechseln, auch wenn man sich das ziemlich intensiv wünscht.

Manche Großeltern in spe müssen diese Phase nicht durchstehen, weil sie das Glück haben, in derartige theoretische Überlegungen gar nicht eingebunden zu werden. Diese Glückspilze werden von den eigenen Sprösslingen einfach mit Tatsachen konfrontiert. Eine Form davon hört sich in der Tochter Variante einfach so an: „Du Mami, ich bin schwanger." Der Sohnemann sagt entweder über seine Frau: „Du Mami, ich glaube Kati bekommt ein Baby." oder, falls er kapiert, dass er von dem Zustand auch betroffen ist: „Du Mami, ich werde Papa." In allen Fällen, wird dieses Geheimnis zunächst der Mutter anvertraut, von der die Kinder erwarten, dass sie es in geeigneter Form an ihren Erzeuger weitergibt. Egal, um diese auserwählte Klientel der zukünftigen Großeltern geht es in dieser kleinen Geschichte nicht, sondern um die Hoffenden in der völlig ungeklärten Enkelkind-Warteschleife, in der Hauptsache natürlich um den erwartungsfrohen oder sagen wir besser erwartungsverzweifelten Opa.

Wir alle wissen, dass so eine Warteschleife schon am Telefon ausgesprochen übel ist, obwohl es dabei ja meistens um mehr oder weniger triviale Dinge geht.

Aber so eine Enkel-Warteschleife, die spielt sich nicht am Telefon ab, ist auch nicht virtuell, sondern in echt, wie es so ein Enkelkind vielleicht formulieren würde, das man ja leider noch nicht hat.

Bei diesen Warteschleifen muss man zwei grundsätzliche Arten unterscheiden, nämlich die in der Entfernung und eine andere in der Nähe. Gemeint ist damit, dass man in einer anderen Stadt lebt als die Kinder oder am selben Ort, vielleicht sogar im selben Haus. Da ich persönlich nur die Entfernungsvariante kenne, bin ich eigentlich nicht kompetent, mich über die Nah-Variante auszulassen. Ich will es mit ein bisschen Phantasie aber trotzdem versuchen, zumal ich mich auf handfeste Aussagen von betroffenen und dadurch erfahrenen Freunden abstützen und berufen kann. Ich will mit dem beginnen, was beiden Schleifen gemein ist, nämlich diese grundsätzliche Unsicherheit, ob dem Plan, ein Kind in die Welt zu setzen, überhaupt schon konkrete Taten gefolgt sind oder ob das Vorhaben - ohne Wissen der erwartungsfrohen Großeltern - vielleicht doch erst mal noch auf die lange Bank geschoben oder - und das wäre sozusagen der Super Gau - vielleicht gänzlich aufgegeben wurde.

Hatten vielleicht so schnöde Argumente wie, „das Leben zu zweit so richtig genießen“ oder „mit Kindern nicht zu vereinbarende Karrierevorstellungen“ die Oberhand gewonnen? Fühlt man sich der Verantwortung vielleicht doch nicht gewachsen, hat zu viele schlaue „Aber Wenn-Bücher „ gelesen oder fürchtet sich vor durchwachten Nächten und daraus resultierendem überfallartigen Schlafbedürfnis im Büro? Gab es bei Freundinnen extrem schwere Geburten oder hat jemand nach der Geburt des Kindes seine Frau sitzen lassen, weil er mit diesem Baby, der Familie oder seiner neuen (Neben)Rolle überfordert war? Wäre ja alles möglich und was dann? Aus der Opa-Traum, nicht auszudenken!

Von diesen Vorstellungen könnte man ja selbst diese schlaflosen Nächte bekommen, die doch eigentlich den jungen Eltern vorbehalten sind. Man erwischt sich bei Rechenexempeln wie: Das eigene Kind ist jetzt Anfang 30 und man selbst 56. Wenn das Kind jetzt gezeugt würde, wäre man bei seiner Geburt 57 und, wenn es Abi macht 77. Das ginge ja noch, obwohl auch 77 schon ziemlich alt ist, vor allem beim ersten Enkelkind. Wenn man auf zwei oder drei hofft müsste man noch 4-6 Jahre dazu addieren, dann wäre man bereits bei deren Einschulung Ende 60, also schon ein ziemlich alter Knacker. Und wenn man diese Rechnerei noch ein bisschen fortsetzt und von Natur aus eher pessimistisch veranlagt ist, kann man schon nicht mehr ausschließen, dass man überhaupt nicht mehr lebt, wenn das erste Enkelkind zur Welt kommt.

Fazit: Es muss etwas passieren, aber was?! Die können doch nicht so lange warten bis sie zu den wirklich späten

Eltern gehören, bei denen man nicht mehr sicher ist, ob es sich um die Eltern oder die Großeltern handelt, wenn sie mit dem Kinderwagen durch die Stadt schieben.

Alles irgendwie Horrorvisionen!

Von Freunden, die in der Nähe-Warteschleife ausharren mussten, weiß ich, dass eine sehnsüchtige Omi in spe sogar überlegt hat, 1-2 Antibabypillen ihrer Tochter durch gleich aussehende Placebos auszutauschen. Dieser Versuchung kann man eigentlich nur erliegen, wenn man entweder in derselben Stadt wohnt wie die Kinder oder sogar im selben Haus. In der Entfernungs -Warteschleife kommt man auch nicht in die Verlegenheit, mal zu gucken, ob nicht vielleicht irgendwo ein Thermometer rumliegt, das einen Hinweis auf das Messen der Basal-Temperatur geben könnte. Aus der Ferne bekommt man auch nicht mit, ob Tochter oder Schwiegertochter vielleicht ein bisschen blass aussieht oder ob die jungen Leute aus fadenscheinigen Gründen keinen Alkohol mehr trinken oder irgendwelche wilden Feten mit abenteuerlichen Erklärungen früher verlassen, weil es an dem betreffenden Tag vielleicht einen Eisprung geben könnte. Dafür bekommt das Telefon einen völlig neuen Stellenwert. Bei jedem Anruf erhofft man sich die frohe Kunde und kann fuchsteufelswild werden, wenn stattdessen nur der Bofrost-Kundendienst einen Termin bestätigen will. Wenn es die Kinder sind, die anrufen, muss man sich zusammenreißen, um nicht mit Verschwörerstimme betont nebenbei zu fragen, ob es was Neues gibt.

Und dann ist es endlich so weit. Wenn man Glück hat, kann das schon wenige Wochen nach der Ankündigung der beginnenden Familienplanung sein. Es können aber auch Monate, manchmal sogar Jahre vergehen. Das ist z.B. dann der Fall, wenn der Körper der jungen Frau das Umschalten von Verhütung und dem plötzlichen Kinderwunsch nicht verkraftet oder kapiert. Welchen Torturen und Ups and Downs die Kinder sich in einem solchen Fall ausgesetzt sehen, soll nicht Thema dieses Büchleins sein. Vor allem möchte ich die Leserinnen und Leser nicht traurig machen durch Geschichten, in denen es letztlich beim Kinder- und damit logischerweise auch beim Enkelkinder-Wunsch bleibt. Von diesen stillen Dramen gibt es mehr als wir denken, auch im eigenen Freundes- und Bekanntenkreis. Nein, wir sind jetzt an dem Punkt, an dem man erfährt, dass die Warterei zwar noch kein Ende hat, aber eine echte Chance dafür besteht.

Unser Kind ist schwanger und wenn alles glatt geht, ist es jetzt nur noch eine Frage der Zeit, wann Mann endlich Opa ist. 6 Wochen sind schon rum, fehlen nur noch 34, in Worten: Vierunddreißig!

Gut, dass man den Kindern verheimlicht hat, dass es einige winzige Unterschiede zwischen der Kinder-Planung und der Kinder-Wirklichkeit gibt!!!

Das „Drinnen-Enkelkind“ oder Warteschleife Teil II

Für den zweiten Teil der Warteschleife gilt zunächst einmal dasselbe wie für den ersten Teil: Man muss unterscheiden, zwischen der Nähe-Warteschleife und der Entfernungs-Warteschleife. Dazu kommt ein weiterer wesentlicher Unterschied, ob es nämlich die Schwiegertochter ist, die das Kind erwartet oder ob die eigene Tochter schwanger ist. Das habe ich lange Zeit nicht geglaubt bis nach drei wirklich liebenswerten Schwiegertöchtern, die uns schon 6 süße Enkel geschenkt hatten, unsere einzige Tochter das erste Kind erwartete. Das hat nichts damit zu tun, dass man die Schwiegertöchter nicht gern hätte, sondern ganz einfach mit dem eigenen Blut. Das ist nun mal dicker als Wasser, wie man so schön sagt.

Außerdem suchen die Schwiegertöchter während der Schwangerschaft die Nähe ihrer eigenen Mütter und setzen auf deren Erfahrungen mit dem Kinder Kriegen, während die eigene Tochter natürlich zu ihrer Mutter kommt mit ihren Fragen, ihrer Freude und auch mit ihren Sorgen und Ängste . Und da es sich bei der Mutter der eigenen Tochter im Normalfall um die eigene Frau handelt, ist man als deren Ehemann und Vater der Tochter natürlich mit im Boot. Man kann also festhalten, dass man die zweite Enkelkind-Warteschleife am intensivsten erlebt, wenn es sich um die schwangere eigene Tochter handelt und diese in der Nachbarschaft oder vielleicht sogar im selben Haus wohnt.

Es ist jedoch ein Trugschluss, wenn die geneigten Leserinnen und Leser daraus folgern, dass die Aufregung für den werdenden Großvater bei einer solchen Konstellation am größten sei. Weit gefehlt! Wenn man sein eigenes Kind während der Schwangerschaft sehr häufig oder vielleicht sogar täglich sieht, wird diese Zeit irgendwie zum Normalfall. Man gewöhnt sich daran, dass sich die Figur der Tochter verändert, dass sie zwischendrin immer mal wieder verträumt die Hände auf den wunderbar runden Bauch legt, um zu fühlen, wie der kleine Mensch, der da drin sitzt, mit den Beinen strampelt, so dass die kleine Füße manchmal richtige Bauch-Beulen machen. Und wenn man als Opa in Lauerstellung sehnsüchtig genug guckt, darf man selbst mal die Hand drauf legen und das Enkelkind spüren. Das ist aufregend, gleichzeitig einfach wunderbar und macht das Warten ziemlich schwer.

Die Enkelkind-Warteschleife ist in ihrem zweiten Teil natürlich völlig anders, wenn die schwangere Tochter irgendwo in Deutschland, vielleicht sogar im Ausland lebt. Dann möchte man sich als Vater am liebsten in immer kürzeren Abständen ins Auto oder notfalls sogar ins Flugzeug setzen, um sich persönlich davon zu überzeugen, dass diese Informationen am Telefon wirklich der Wahrheit entsprechen. Man kann heutzutage natürlich Skypen oder mit Whatsapp Fotos schicken, aber was ist das schon im Vergleich zu einer Hand auf einem warmen Babybauch und dem Enkelkind-Füßchen-Fühlen.

Das können natürlich nur Insider wirklich nachvollziehen, ich meine Großväter, die das selbst erlebt haben.

Das ist ein bisschen so, wie beim heiligen Thomas, der die Auferstehung des Herrn erst glauben wollte, nachdem er gesehen und vor allem auch gefühlt hatte.

Die Telefonkontakte zwischen Mutter und Tochter nehmen erheblich zu, worüber die Töchter nicht immer erfreut sind, weil diese Fürsorge natürlich auch nerven kann, was sie aber niemals sagen würden! Als werdender Großvater besetzt man lediglich eine Nebenrolle und lebt meistens von Informationen aus zweiter Hand, falls die lebenslange Ehefrau sie überhaupt weitergibt.

Deshalb verlegt man sich als Opa in Lauerstellung mehr auf organisatorische Fragen. Man trägt z.B. den errechneten Geburtstermin in den Kalender ein, obwohl dieser bei einer natürlichen Geburt heute genau so wenig exakt stimmt, wie zu der Zeit als ich nicht Großvater sondern Vater wurde; scheint also eine im besten Sinne menschliche Tradition zu sein! Mein Bruder, der, wie bereits erwähnt, in seinem Berufsleben Gynäkologe war, pflegt auf die Frage, warum diese Geburtstermine meistens nicht zutreffen, zu antworten: „ Meine Berechnung kann nur so genau sein, wie die Daten, die mir von denen zur Verfügung gestellt werden, die die Kinder machen, und da bin ich nun mal nicht dabei.“ Leuchtet mir irgendwie ein.

Man überlegt im Zusammenhang mit dem wahrscheinlichen Enkel-Geburtstag natürlich auch, welchen Zeitraum man von Terminen freihalten sollte, - als Pensionär hat man ja in der Regel wahnsinnig viel um die Ohren... - um den neuen Erdenbürger natürlich möglichst sofort nach dem ersten Schrei in den Arm nehmen zu können. Der Urlaub wird so gelegt, dass Zielkonflikte auch für den Fall einer Frühgeburt ausgeschlossen sind. Im Klartext werden auch für Urlaube, die bis zu zwei Monaten vor dem theoretischen Geburtstermin stattfinden sollen, Reiserücktrittsversicherungen abgeschlossen. Ansonsten gilt für Großeltern in spe die alte Berechnung des Mutterschutzes für schwangere Frauen analog: 6 Wochen vor dem Geburtstermin und 8 Wochen danach keine großartigen Aktivitäten, die mit dem Enkelkind nicht vereinbar wären.

Wenn man als Opa in spe die Schwangerschaft einer Schwiegertochter in der Nähe oder aus der Entfernung erlebt, bleibt man eigentlich ziemlich gelassen, weil man ja weiß, dass deren Mutter wie eine Glucke über ihr Töchterchen wacht und dabei sicherlich vergisst, dass dieses weibliche Wesen schon lange nicht mehr das kleine Mädchen ist, sondern eine erwachsene und selbständige junge Frau. Doch, wie wir wissen, bleiben ja Kinder für die Eltern eben immer Kinder, egal wie alt sie sind. Das wird auch noch so sein, wenn diese Kinder einmal selbst Nachwuchs im Erwachsenenalter haben, und das ist auch gut so.

Wohnt man als Opa in Lauerstellung in der Nähe der Schwiegertochter oder sogar am selben Ort, reicht es völlig aus, wenn man sich ab und zu sieht. Für die Entfernungs-Warteschleife genügen regelmäßige Anrufe, schließlich ist eine Schwangerschaft ja etwas völlig Normales und die Schwiegertochter eine erwachsene Frau. Komisch, dass man diese Erkenntnisse bei der eigenen Tochter nicht in dieser Klarheit hat, um es einmal zurückhaltend zu formulieren...!

Wenn der Geburtstermin näher rückt, nimmt die Aufregung nicht nur bei den werdenden Eltern zu, sondern auch die Großeltern nehmen eine gewisse „Hab Acht Position“ ein, deren Intensität sich naturgemäß wieder unterscheidet, ob es sich um Tochter oder Schwiegertochter handelt und ob man z.B. für die Fahrt ins Krankenhaus zur Verfügung stehen müsste, falls Sohn oder Schwiegersohn vielleicht gerade berufsbedingt abwesend sind.

Jeder Telefonanruf ist irgendwie elektrisierend. Während das Festnetztelefon sonst nicht selten irgendwo im Haus oder in der Wohnung rumgelegen hat und dann, wenn es klingelte die Batterie häufig so schwach war, dass man praktisch nur noch „Hallo“ oder seinen Namen sagen konnte, bis es seinen Geist aufgab, liegt es jetzt natürlich auf der Ladestation. Alle Balken der Batterie müssen angezeigt sein, weil man ja nie weiß, wie lange so ein Gespräch mit dem schwangeren Kind dauern kann. Beim Handy, dessen Klingelton früher meistens ausgeschaltet war, gibt es praktisch keine Stumm-Schaltung mehr, auch nicht in der Nacht. Die sofortige Ansprechbarkeit muss über 24 Stunden sichergestellt sein. Während man früher das Handy für kurze Wege in die Stadt häufig zu Hause liegen gelassen hat, weil es einfach lästig ist, außer dem Portemonnaie auch noch dieses Gerät mit sich herumzuschleppen, überprüft man in der Endphase des Opa-Werdens lieber zwei Mal, ob es in der Hosentasche steckt. Man muss in diesem Zusammenhang zugeben, dass dadurch nicht nur ein Mal das Portemonnaie vergessen wurde, weil man das Handy dafür gehalten hatte.

Früher, also, als man noch nicht im Begriff war, Opa zu werden, hat man die Kinder selbst eigentlich weniger angerufen, sondern eher verlangt, dass sie den regelmäßigen Telefonkontakt pflegen. Auch das ändert sich im Verlauf dieser Warteschleife grundsätzlich. Man greift selbst zum Hörer, beginnt so ein Gespräch eher mit Belanglosigkeiten, weil man nicht sofort den Eindruck erwecken will, man mache sich Sorgen. Es kommt auch durchaus vor, dass man das Töchterchen telefonisch kontaktiert mit dieser blöden Frage: „Hattest Du vorhin angerufen, unser Anrufbeantworter arbeitet nämlich nicht immer korrekt und zeigt entgangene Anrufe nicht immer zuverlässig an.“ Das Handy wird praktisch zu einer Art telefonischer Nabelschnur zwischen Vater und Tochter, was letzterer vermutlich bisweilen ziemlich auf den Geist geht, was sie aber niemals zugeben wird, ist doch klar!

In dieser entscheidenden Phase wird natürlich auch die Frage gestellt, wo das Kind eigentlich geboren werden soll. Eine Hausgeburt wird als nicht akzeptables Risiko abgelehnt, und falls das Kind nur schwer zu überzeugen ist, hat man bestimmt Beispiele parat, wo eine Geburt für Mutter und/oder Kind in einer Katastrophe geendet ist, weil kein Arzt zur Verfügung war, plötzlich ein Kaiserschnitt erforderlich wurde, Blutungen nicht gestillt werden konnten oder sich irgendwelche anderen Horrorszenarien entwickelt hatten, die im Krankenhaus ausgeschlossen gewesen wären. Sollte das Thema „Geburtshaus“ fallen, tut man dies als eine Erfindung aus der Zeit ab, in der z.B. auch Lepra- und Pestkranke in gesonderten Liegenschaften untergebracht und isoliert wurden.

Wenn feststeht, dass das Enkelkind in einem Krankenhaus zur Welt kommen soll, gibt es zwischen der zukünftigen Omi und der werdenden Mutter, falls es sich um die eigene Tochter handelt, natürlich auch noch eine Diskussion, ob das Kind zu einem exakt festgelegten Zeitpunkt per Kaiserschnitt zur Welt geholt werden soll oder sich seinen Weg auf diese Erde selbst erkämpft. Als Opa in spe ist man an solchen Gesprächen mangels Kompetenz in der Regel nicht beteiligt. Ist auch dieses Thema abgearbeitet, bleibt noch offen, in welchem Krankenhaus der neue Erdenbürger das Licht des Kreissaales erblicken soll, am Wohnort der jungen Familie oder vielleicht in einer besonders guten Klinik, die zufällig in derselben Stadt liegt wie das Haus der Großeltern.

Dafür spräche sicherlich, dass die Neu-Omi sofort als erfahrene Unterstützerin zur Verfügung stände. Sollte sich das Töchterchen dazu entscheiden, schlägt man natürlich vor, besser schon eine angemessene Zeit vor dem errechneten Geburtstermin ins Elternhaus umzusiedeln. Man weiß ja nie, und für den Fall einer geplatzten Fruchtblase müsste man eben mit dem Krankenhaus um die Ecke vorlieb nehmen. Auch in diesem Szenario hat man als Opa in spe keine tragende Rolle.

So ein werdender Großvater kann allerdings ein bisschen mehr ins Zentrum der endenden Warteschleife rücken, wcnn cr z.B. anbictct, die Kosten für den Kinderwagen zu übernehmen. Das passiert allerdings höchstens beim ersten Enkelkind, weil man nämlich für dasselbe Geld ein prima Trecking-Rad bekommt oder, falls man schon zu den alten

Opas gehört, gut ein Drittel des Preises für ein E-Bike zusammen hätte.

So, und dann ist es tatsächlich so weit, und auch diesen Moment erfährt man auf die unterschiedlichsten Art und Weisen, verbunden mit genau so unterschiedlichen Aufregungen auch beim werdenden Opa. Die Spanne dieses Nervenkitzlers ist dabei ziemlich groß und es kommt wieder darauf an, ob man sich in der Entfernungs- oder in der Nähe-Warteschleife befindet und ob es sich um die Schwiegertochter oder das eigene Töchterchen handelt.

Es könnte ein Anruf des Sohnemanns sein, der kurz und trocken mitteilt: „ Hallo, hier ist Sven, ich habe Katrin gerade ins Krankenhaus gebracht." Bei dieser Variante bleibt man relativ gelassen, weil es ja die Schwiegertochter ist. Ich will nicht sagen, „nur" die Schwiegertochter, weil das nicht fair wäre, aber - ich habe es ja schon gestanden - es ist eben nicht die Tochter. Dabei könnte sich das Ganze durchaus vergleichbar abspielen, zumindest theoretisch. Das klänge dann am Telefon durch den Anruf des Schwiegersohns etwa so: „ Hi, hier ist Oliver, ich habe Tanja gerade ins Krankenhaus gebracht." Allerdings gäbe es in diesem Fall sofort die Nachfrage der fachkundigen Schwiegermutter, ob die Fruchtblase geplatzt wäre oder in welchem Abstand das Töchterchen Wehen gehabt habe und, und, und.

Wäre der zukünftige Opa dran gewesen, hätte er in dieser Situation bestimmt gesagt" Warte, ich gebe Dir deine Schwiegermutter."

Wohnen die Kinder in derselben Stadt oder gar im selben Haus, ist es natürlich wieder völlig anders. Da könnte es ja auch durchaus sein, dass Sohn oder Schwiegersohn nicht zu Hause ist, wenn plötzlich die Fruchtblase platzt oder Wehen einsetzen. Wohnen die Schwiegereltern des eigenen Sohnes vor Ort, kümmern die sich im Regelfall, es sei denn sie wären nicht erreichbar. Wenn es aber um die eigene Tochter geht, kann man sich natürlich nicht verdrücken. In diesem Zusammenhang sage ich den geneigten Leserinnen und Lesern, dass es mindestens genau so aufregend ist, die eigene schwangere Tochter ins Krankenhaus zu fahren wie vor grauer Vorzeit die eigene Frau.

Grundsätzlich ist man bei allen Varianten erst mal froh, wenn Tochter oder Schwiegertochter im Krankenaus ist, weil dann ja, wie man so schön sagt, eigentlich nichts mehr passieren kann.

Aber glücklich ist man erst, wenn der Anruf kommt: „Euer Enkelkind ist da."

Es könnte auch sein, dass der Sohn anruft und ganz trocken sagt: „Hallo Opa". Dann braucht man erst mal eine Weile bis man das kapiert und man einen richtig dicken Glücksbauch bekommt. Aber direkt danach will man nur noch eins: Das Enkelkind sehen und auf den Arm nehmen. Und wie das ist, darüber gibt es eine neue Geschichte.

Es ist da und mit ihm das Glück

So, da ist jetzt also dieser kleine neue Mensch auf der Welt, und ein Vater oder Schwiegervater, der auf einmal auch ein Opa ist, fährt mit einer Frau, die vor ein paar Stunden noch keine Omi war, ins Krankenhaus, um sich davon zu überzeugen, dass Mutter und Kind wirklich wohlauf sind und auch der junge Vater alles einigermaßen überstanden hat.

Irgendwie fühlt sich der neue Opa ein bisschen so wie damals, vor knapp 33 Jahren, als er zum ersten Mal Vater geworden war.

Auf der Fahrt ins Krankenhaus gehen ihm eine Menge Dinge durch den Kopf. Was für eine Welt stellt sich so ein neuer Erdenbürger eigentlich vor? Kann er überhaupt schon denken? Es war ja überhaupt nicht seine Entscheidung, geboren zu werden, sondern seine Eltern haben das Kind gewollt. Wie wird die Welt für das kleine Menschenkind in 10 oder 20 oder 50 Jahren aussehen? Wie wird sein eigenes Leben ablaufen? Wird es noch Geschwister bekommen? Wo wird es aufwachsen? Wird es in einer Stadtwohnung im 5. Stock leben, in einem Häuschen im Grünen, überhaupt in Deutschland oder in einem fremden Land, irgendwo ganz weit weg? Kann es vielleicht sogar zum Mond fliegen oder zum Mars? Was wird es mal werden, Anstreicher oder Arzt, selbständiger Unternehmer oder vielleicht Lehrer? Könnte ja auch sein, dass es ganz neue Berufe gibt, wenn das Kind mit der Schule fertig ist. Wird es überhaupt noch solche Schulen geben wie heute oder können die Kinder zu Hause mit Hilfe des Internets oder elektronischer Medien, die heute noch gar nicht erfunden wurden, lernen? Sicher ist nur, dass die Welt in vielen Bereichen eine andere sein wird, aber hoffentlich eine, in der es nicht mehr so viele Kriege gibt wie heute.

Wird es selbst mal eine Familie haben, selbst mal eigene Enkelkinder? Da fällt mir gerade ein, dass ich ja noch gar nicht gesagt habe, ob das Enkelkind in dieser kleinen Geschichte ein Mädchen oder Junge ist, weil das eigentlich ja überhaupt keine Rolle spielt. Aber für dieses Büchlein soll es ein Junge sein, weil das für den frisch gebackenen Opa später einfacher ist. Schließlich ist er ja selbst kein Mädchen, sondern ein Junge gewesen und hat deshalb mehr Ahnung davon, was so ein kleiner Kerl gern macht. Bei kleinen Mädchen liegt ja die deutliche höhere Kompetenz bei den Omas und die, das hatte ich ja anfangs schon gesagt, sollen gefälligst darüber selbst ein Buch schreiben. Opas haben auf diesem Gebiet nur ein gefährliches Halbwissen. Zwischen Jungen und Mädchen gibt es nämlich von Anfang an durchaus Unterschiede, und die liegen nicht nur an den zusätzlichen zwei Zentimetern, die unsere ersten beiden Enkel immer Schniepel genannt haben. Nein, Mädchen sind anders als Jungen, und das bleibt das ganze Leben lang so, was ich übrigens ziemlich gut finde. Frauen sind zwar manchmal nicht so einfach, um es einmal vorsichtig auszudrücken, aber es gibt aus meiner Sicht nichts Besseres. So, damit ist das auch mal gesagt.

Für einen Opa ist es jedenfalls einfacher - und ich weiß wovon ich spreche - wenn das erste Enkelkind ein Junge ist. Das hat übrigens mit diesem Geschwafel vom Stammhalter oder ähnlichem nichts zu tun. Mädchen können nämlich den Stamm mindestens so gut hoch halten wie die männlichen Artgenossen, weil das keine Frage des Geschlechts sondern des Formats ist, und damit meine ich nicht die äußere Form, sondern die Persönlichkeit. Opas haben Enkelmädchen genau so lieb wie Enkeljungen, was auch für Omis gilt, aber die sollen gefälligst, Ihr wisst schon...

Bevor ich jetzt ins Grundsätzliche komme, steigen wir doch lieber wieder in das Auto ein, in dem der neue Opa mit der gerade zur Welt gekommenen Oma, die früher seine Freundin und Verlobte war und jetzt immer noch seine Frau ist, gerade ins Krankenhaus fährt.

Die Welt, in die der kleine Mann ohne eigene Entscheidung hineingeboren wurde, wie diese Welt mal sein wird, das weiß sein Opa nicht. Aber, was erwartet der Enkelsohn denn wohl von seinem Opa? Hat er ein bestimmtes Bild von ihm? Soll er Haare haben oder nur einen kleinen Kranz um einen runden und nicht zu kleinen Kopf? Soll er dick sein mit einem Bauch, auf dem man Hoppe Reiter machen kann oder lieber dünn und lang, dass man an ihm hochklettern kann? Möchte der kleine Kerl, dass der Opa möglichst jung ist oder kann er ruhig schon ziemlich alt sein? Möchte er einen Opa, der ihm die Welt erklären kann oder lieber einen, der für jeden Blödsinn zu haben ist? Soll Opa einen großen Garten haben, in dem man toben kann oder genügt ein Spielplatz in der Nähe? Will er einen starken Opa oder genügt ihm so ein Durchschnittsmann, der schon ziemlich lange auf der Welt ist? Soll er leise sein oder wenigstens manchmal auch laut? Dieser kleine Mann denkt vermutlich über diesen Opa, den er durch die Geburt gewonnen hat, genau so wenig nach wie über diese Welt, und der Opa hat auch keine Ahnung, was für Vorstellungen sein Enkelsohn von seinem Opa hat. Für den Opa ist nur eins total klar: Er will immer für seinen Enkel da sein und vor allem will er für ihn mehr Zeit haben als er für die eigenen Kinder hatte. Damals stand er ja am Anfang seines Berufs, war selbst noch jung und musste erst mal lernen, irgendwie Papa zu sein. Geld war knapp, die Wohnung klein, und es war nicht einfach, immer die richtigen Schwerpunkte zu setzen. Eltern, das sind ja neben Politikern die einzigen Menschen, die für ihre Tätigkeit keine Ausbildung haben. Bei den Politikern leidet darunter bisweilen ein ganzes Volk, bei Eltern sind es in erster Linie die Erstgeborenen, die praktisch als Versuchskaninchen dienen müssen. Man versucht natürlich immer sein Bestes, aber das gelingt bei weitem nicht immer. Es ist eben, wie man so schön sagt „Learning bei Doing“ oder die Anwendung der Methode „Trial and Error.“

Wichtig ist für den Opa allerdings, wie das Enkelkind seinen Opa nennen wird. Da gibt es ja heute viele Möglichkeiten. Es gibt Großväter, die wollen jünger erscheinen als sie sind und lassen sich deshalb von den Enkeln mit Vornamen anreden, was ihnen bei ihren eigenen Kindern niemals eingefallen wäre. Andere fügen der Anrede Opa den Vornamen hinzu, heißen also z.B. Opa Bernd. Wieder andere wollen Opi sein, vielleicht, weil sich das nicht ganz so alt anhört.

Ich finde, ein Großvater sollte einfach ein Opa sein, und Opa ergänzt durch einen Vornamen, das hört sich für mich komisch an. Aber das soll jeder machen, wie er will. Zum Schluss entscheiden es die Enkel sowieso selbst. Da wird man dann vielleicht zum Opa Düsseldorf oder Opa Brille oder wie in meinem Fall zu Opa Bart, denn es muss ja auch für den anderen Großvater ein passender Name gefunden werden. Ein Enkelkind, das Schwein hat, kann sich ja nicht nur über einen, sondern über zwei Opas freuen.

Und während der immer noch leicht verwirrte Opa so seinen Gedanken nachhängt, wird irgendwie das Krankenhaus erreicht. Der Wagen wird abgestellt, eine Flasche Sekt unter den Arm geklemmt und dann endlich in den Aufzug und zum Zimmer, dessen Nummer man sich ja schon am Telefon hatte geben lassen. Jetzt macht es übrigens nicht mehr so einen Unterschied, ob die Tochter das erste Kinder bekommen hat oder der eigene Sohn zum ersten Mal Vater geworden ist. Hauptsache alles ist gut gegangen, und das Enkelkind ist endlich da!!

Man klopft an die Tür, wartet auf ein „herein" und wird mit einem unvorstellbaren Glück konfrontiert. Da liegt eine strahlende junge Mutter, neben ihr guckt in einem kleinen Bett ein rosiges Gesicht aus der Zudecke raus und mehr oder weniger mitten im Zimmer steht ein junger Vater, der ganz offensichtlich noch immer nicht ganz kapiert hat, was hier eigentlich passiert ist. Nur eins scheint ihm bereits zu dämmern, dass sich seine Position schleichend zu verändern beginnt.

Nach Herzen, Küssen und Schulterklopfen wird der kleine Mensch aus seinem Bettchen genommen und der Omi, die ganz leicht Wasser in den Augen hat, in den Arm gelegt. Glück pur!

Und der Opa, der jetzt, ähnlich wie der junge Vater, irgendwie auch neben sich selber steht, macht erst mal die Flasche auf und holt die Gläser, an die natürlich die Dame seines Herzens gedacht hat, aus dem Beutel. Dabei gehen die Gedanken zurück zu dem Tag, als er selbst zum ersten Mal Vater geworden war. Da war das alles ziemlich anders. Das Kind lag nicht bei der Mutter im Zimmer, sondern wurde an einem Fenster, bei dem man den Vorhang zurückgezogen hatte, lediglich gezeigt. Es steckte in einem Puck und oben guckte lediglich ein Köpfchen raus ohne Haare und natürlich auch ohne Zähne. Man konnte nur vermuten, dass einem wirklich das eigene Kind gezeigt wurde und nicht das Baby, das in der langen Reihe der Kinderbettchen am nächsten zu diesem Beguck-Fenster lag. In diesem Punkt kann man weiß Gott nicht von der viel beschworenen guten alten Zeit sprechen.

So, jetzt aber zurück in die Wirklichkeit und ein Prost auf Mutter, Vater und natürlich das Enkelkind. Doch halt, wie heißt es überhaupt? Den Namen hatten die jungen Eltern ja niemandem gesagt, aber jetzt wird das Geheimnis gelüftet: Es ist ein kleiner Fritz!

Der Sekt perlt im Glas - in dem für die junge Mutter natürlich nur ein kleiner Schluck, damit der kleinc Fritz nicht über die Muttermilch schon seinen ersten Schwips bekommt -, und alle trinken auf den kleinen Erdenbürger, seine glücklichen Eltern und die stolzen Großeltern.

Dann kommt endlich der Moment, auf den der Opa offiziell seit mehr als 7 Monaten, aber insgeheim schon jahrelang gewartet hat: Er darf den kleinen Fritz auf den Arm nehmen. Davon wird der Bauch so warm, dass man damit ein ganzes Zimmer heizen könnte. Wie leicht so ein Säugling ist. Waren denn die eigenen Kinder auch mal so klein? Irgendwie hat man vergessen, wie winzig so ein neuer Mensch ist, obwohl der kleine Fritz bereits 54 Zentimeter lang ist, und das ist ja mehr als ein halber Meter. Dazu ein Gewicht von 3.860 Gramm und einen runden und ziemlich dicken Münsterländer-Kopf. Der war wohl auch der Grund dafür, dass die Geburt etwas länger gedauert hat, obwohl Fritz ohne Zweifel auf diese Welt wollte. Jetzt ist er jedenfalls da, alles ist dran, und der kleine Mann ist schon in diesem Moment ein totaler Glücklich-Macher.

Der stolze Opa schaut sich das kleine Kerlchen an und bildet sich ein, dass wenigstens die Nase ein bisschen so aussieht wie seine eigene, wenn auch in deutlich kleinerer Ausführung.

Auf jeden Fall beschließt er in diesem Moment, dass der kleine Fritz den besten Opa der Welt haben wird.

Enkelkinder, das schönste persönliche Fitness-Programm

Enkel und Großeltern und damit natürlich auch Opa und Enkelkind, das ist eine ganz besondere Symbiose. Natürlich ist bei den Eltern das Zuhause, aber bei den Großeltern ist es auch total schön, sozusagen irgendwie anders schön. Und das hängt damit zusammen, dass unsere Zeit immer schnelllebiger wird und der Alltag aus ständigen Veränderungen besteht. Kinder kommen kaum zur Ruhe bei immer neuen Reizen und Unternehmungen. Im Gegensatz dazu ist der Opa so was wie ein Fels in der Brandung. Bei ihm ist alles wie immer, und das finden Kinder total gut. Die Umgebung bleibt gleich, die Omi kocht das Lieblingsessen und die Spielsachen, die Omi und Opa von ihren eigenen Kindern aufgehoben haben, sind immer am selben Platz. Das Baumhaus kann sich sowieso nicht bewegen, und Rutsche, Sandkasten und Wasserbütte zum Manschen können auch nicht wandern. Deshalb kommen Enkel gern zu den Großeltern, und jeder Besuch ist für den Opa Teil eines schönen und ganz persönlichen Fitnessprogramms, die beste Alternative zum Besuch von Fitness-Centern und jeder anderen Form von körperlicher Ertüchtigung. Enkelkinder fordern nicht nur den Körper, sondern auch den Kopf und sind deswegen eine wunderbare Herausforderung und ein ideales Training für alle Großeltern.

Mir tun alle diejenigen Menschen leid, die zwar schon ziemlich lange auf der Welt sind, aber diese Erfahrung noch nicht selbst machen können, und ich wünsche jedem, dass ihm dieses persönliche Fitness-Programm noch geboten wird.

Wer Enkelkinder hat, wird niemals richtig alt, auch wenn er früher oder später mal den Eindruck macht. Einer Omi oder einem Opa muss man in die Augen sehen, und dann erkennt man sofort, wie jung das Herz geblieben ist.

Das einzig Gewöhnungsbedürftige als Großvater ist, dass man jetzt mit einer Omi ins Bett muss, aber das soll umgekehrt ja auch gelten...!

Am Anfang, da kann man natürlich mit so einem kleinen Fritz nicht viel anfangen und stillen kann man ja als Opa nachweislich auch nicht! Aber angeben, das funktioniert natürlich auch schon mit einem Mini-Enkelkind. Während es einem früher vielleicht zu blöd war, mit einem Kinderwagen durch die Stadt zu schieben, macht man es als Opa gern. Und wenn man dann noch Freunde oder Bekannte trifft, die in den Wagen gucken und vielleicht noch sagen: „Irgendwie hat der Kleine was von Dir", dann macht man am besten den obersten Hemdenknopf auf, bevor er wegplatzt.

Und wie immer bei Menschen, deren Geburt schon etwas länger zurückliegt, vergeht die Zeit rasend schnell. Auf einmal kann der Kurze schon laufen, und wenn man Glück hat, sagt er zwar zuerst „Mama" und „Papa", aber als Drittes nicht „AA", sondern „Opa". Erst dann weiß man hundertprozentig, dass man jetzt wirklich einer ist. Wenn so ein kleiner Mensch „Opa" zu einem sagt, dann kann auch für Außenstehende kein Zweifel mehr daran bestehen, dass man glücklicher Besitzer eines Enkelkindes ist.

Das Tolle an so einem Enkelkind ist, dass diese kleinen Erdenbürger überhaupt kein Alter kennen. Sie unterscheiden nur nach Menschen, die für sie da sind und sich mit ihnen beschäftigen und solchen, deren Köpfe ziemlich weit vom Boden weg sind und sich überhaupt nicht für diese Mini-Menschen interessieren. Ein Opa mit Phantasie ist besser als jedes Spielzeug, wenn er genug Ausdauer hat, um auf die ständige Frage „Und Nachher" immer eine Antwort zu haben. Dass man beim Erfinden von Geschichten auch das eigene Gehirn trainiert, fällt unter „gern akzeptierte Nebenwirkungen". Mit den körperlichen Herausforderungen durch die Enkel ist es nicht anders. Wer z.B.am Vormittag zwei Stunden mit seinem Enkel am Strand im Sand gebuddelt und unzählige Eimerchen mit Wasser geholt hat, der ist mittags genauso müde wie der kleine Mann. Aber es ist eine wohlige Müdigkeit, auch wenn es an der einen oder anderen Stelle etwas zieht und zwackt und manche Gelenke eher eigenwillige Geräusche von sich geben. Man ist eben ein knackiger Typ! Ein gemeinsames Mittagsschläfchen macht Enkel und Opa wieder fit für neue Taten.

Meistens beginnt es nach so einem Mittagschläfchen mit Büchern, aus denen vorgelesen werden muss und wehe, wenn man z.B. vergisst, dass der eine Bauarbeiter einen Verband am Arm hat, dann zeigt die kleine Hand blitzschnell auf diesen Mann, der „aua hat" und bestimmt schon beim Onkel Doktor war. Daran hätte man sich doch erinnern müssen; Hauptsache man weiß beim nächsten Mal Bescheid. Fatal ist es auch, wenn man etwa beim Vorlesen aus dem „Ahornfarm-Buch“ nicht darauf hinweist, dass eine der Katzen beim AA-Machen, häufig neben das Katzenklo macht.

Wenn abends noch eine Geschichte vorgelesen werden soll und dieser kleine Mensch dabei in Opas Arm oder auf Opas Bauch liegt, dann ist nicht immer klar, wer von den beiden als erster einschläft.

Morgens muss natürlich erst mal gekuschelt werden und zwar im großen Bett von Omi und Opa. Wenn das Enkelkind noch klein ist, ruft es laut: „Opa“, und dann wird es sofort geholt, weil Opa natürlich schon mit langen Ohren im Bett gelegen und gewartet hat. Wenn der Knirps schon allein die Treppe runtergehen kann, hört man morgens das Tapsen auf den Stufen und kann im Bett schon mal Platz machen und das Kissen, natürlich immer dasselbe, für den kleinen Erdenbürger hinlegen. Und dann muss Opa vorlesen und zwar meistens aus denselben Büchern, aus denen er vor Jahrzehnten schon den eigenen Kindern vorgelesen hat. Die Bücher sind zwar alle schon ein bisschen lädiert, aber das passt irgendwie zum Opa, der ja auch nicht mehr neu ist!

Wie mit den Büchern ist es auch mit den alten Spielsachen der eigenen Kinder, die man für die Enkel aufgehoben hat. Playmobil sind hoch im Kurs und natürlich auch Lego, nicht zu vergessen die Matchbox-Autos aus der Kiste und die Eichhorn Holz-Eisenbahn. Auch die vom Opa selbst gesägten Bauernhöfe, die Ritterburg und bei Bedarf Puppenstube und Kaufladen feiern ihre Auferstehung.

Dann muss der Opa auf dem Teppich liegen und sich

intensiv an den Kämpfen der Ritter beteiligen. Auch dabei überrascht so ein Enkel immer wieder durch ein unheimliches Gedächtnis. Da wird nach einer ganz bestimmten Lanze für den König gesucht, einer Lanze, die oben noch ein Beil hat. Opa kann sich daran überhaupt nicht erinnern, aber der kleine Mann weiß es genau und findet diese Königswaffe auch. Beim Spielen mit dem Bauernhof kann es durchaus mal passieren, dass ein Kamel zwischen den Kühen steht, worüber sich der Opa wundert. Warum bloß? Es ist doch nur zu Besuch. Hätte man doch wissen müssen, oder ? Es könnte auch mal ein Löwe zwischen den Schafen liegen, was für diese grundsätzlich ja nicht ohne Risiko ist. Für den Enkel überhaupt kein Problem, weil der Löwe erstens satt ist und zweitens ein Freund von dem schwarzen Schafbock ohne Schwanz. Nicht Realität ist gefragt, sondern Phantasie, und deswegen finden Enkel auch Spinn-Geschichten, die Opa erfindet, besonders gut. Schwierig wird es erst dann, wenn man die Geschichte zwei Tage später oder beim nächsten Besuch noch einmal erzählen soll und sie leider nicht mehr auf dem Schirm hat. Da kann man sich nur damit rausreden, dass Opa schon lange auf der Welt ist und deshalb sein Kopf schon ziemlich voll ist, sodass nicht mehr alles reinpasst. Man kann natürlich auch eine neue Geschichte erfinden, z.B. von einem Pferd mit einem gelben Kopf, einem rosa Schwanz, vier grünen Ohren und acht Beinen, vier zum Vor-und Zurücklaufen und je zwei für Galopp nach links und rechts. Bei solchen Geschichten ist übrigens nicht ganz klar, wer mehr Spaß dabei hat, der kleine Zuhörer oder der alte Erzähler.

Schön ist es für den Opa und auch für den Enkel, wenn dieser Opa helfen kann. Im Garten macht es besonders viel Spaß, wenn der kleine Mann mit der großen Schubkarre durch die Gegend kurvt und man nicht genau weiß, ob der Enkel die Karre schiebt oder umgekehrt.

- Gilt übrigens für Enkeltöchter auch, aber in diesem Büchlein geht es ja hauptsächlich um das erste Enkelkind, und das ist in diesen Geschichten nun mal ein Junge. -

Jedes Jahr im Frühjahr denkt der Opa, ob es sich wirklich lohnt, noch selbst Tomaten zu ziehen oder ob man die Johannisbeersträucher nicht besser ausmacht, weil man dann wegen der Schwarzdrosseln und Tauben auch nicht mehr mühsam Netze drüber ziehen muss. Aber dann kommen die Bilder aus dem vergangenen Jahr wieder, und man sieht das Enkelkind, wie es sich selbst eine „Mate“ abmacht oder mit einer spitzen Schnute die noch nicht ganz reifen Beeren isst. Dann werden wieder Tomaten gepflanzt, Beerensträucher geschnitten und später vernetzt, und es gibt auch wieder ein kleines Beet mit Kartoffeln.

Habt Ihr schon mal mit einem Enkel Kartoffeln gepflanzt? Das ist ein Erlebnis, das im Frühjahr beginnt und erst mitten im Sommer mit der Ernte aufhört. Natürlich lohnt sich ein Kartoffelanbau auf einer Fläche von 10 m^2 nicht; ich meine unter wirtschaftlichen Gesichtspunkten. Aber die spielen beim Opa-Enkel-Kartoffel-Pflanzen nun wirklich die allerletzte Rolle. Viel wichtiger und 1.000 Mal schöner ist es zuzusehen, wie das Enkelkind sich die von der Omi angebratenen Baby-Kartoffeln in die kleine Schnute steckst. Kartöffelchen, die man gemeinsam mit Opa aus der Erde gebuddelt hat, nur die sind wirklich „öko“.

Alles, was man zusammen mit so einem kleinen Menschen macht, dauert mindestens doppelt so lange, und man muss zwischendrin unendlich viele Fragen beantworten, was nicht immer einfach ist. Erklärt doch mal so einem Steppke, warum die Kartoffel erst welkes Kraut haben muss, bevor ihre Kinder groß genug sind, dass man sie ernten kann. Gar nicht so einfach. Oder wisst Ihr z.B., warum Stachelbeeren Stacheln haben und Johannisbeeren nicht?

Mit Enkelkindern genießt man alles, was man bei den eigenen Kindern entweder verpasst oder auch gar nicht kapiert hat. Das liegt einerseits daran, dass man viel gelassener und auch geduldiger geworden ist, zum anderen ist es aber auch darin begründet, dass man als Opa viel mehr Zeit hat. Hinzu kommt, dass für die heutige Opa-Generation, die damalige Vater-Rolle noch eine ganz andere war als das bei unseren eigenen Kindern der Fall ist.

Was für ein Spaß macht es, das Enkelkind vor sich auf einen kleinen Fahrradsattel zu setzen, die kleinen Füße auf den Halterungen mit einem Riemen festmachen, damit sie nicht in die Speichen kommen, und dann durch die Gegend zu fahren. Da sieht man Kühe, Pferde, Hühner und Schafe, und wenn man Glück hat auch einen Hasen oder hört einen Fasanenhahn schreien, und der Opa kann das alles erklären. Eine Kuh ist in echt eben doch was anderes als auf den Bildern in den Büchern. Das Enkelkind lernt den Unterschied zwischen Eichen und Birken und kann mit Opa einen noch weichen Maiskolben probieren oder dicke schwarze Brombeeren. Später kommt dann das Pilze Suchen mit dem Opa dazu.

Im Laufe der Jahre werden die Anforderungen an den Opa natürlich andere, und bisweilen hat man zu kämpfen, wenn der Enkel sagt: „Opa, kommst Du mit ne Runde pöhlen?“ Pöhlen ist so ein westfälischer Ausdruck für Fußball spielen. So ein Bursche von 5 oder 6 Jahren, der spielt locker eine Stunde, und es macht nur wenig Sinn, das eigene Tor aus Gründen der Fairness mit zwei Stöcken größer zu machen als das des Enkelkindes, weil die eigene Beweglichkeit, na ja, sprechen wir nicht drüber... Und wenn man erst mal am Boden liegt, dauert das Aufstehen auch ein ganz klein wenig länger als beim Junior-Partner. Wenn man gegen die älteren Enkel spielt, die selbst schon im Verein aktiv sind, dann wird man ausgekurvt, umdribbelt oder ganz einfach stehen gelassen, weil man zu langsam ist.

Enkeltöchter -´um sie nicht total zu kurz kommen zu lassen - sind auf Spielplätzen an diesen Turngeräten besonders fit. Sie können sich da an irgendwelchen Griffen langhangeln und verstehen nicht, warum der Opa schon bei der zweiten Halterung abstürzt und dabei einem nassen Sack nicht ganz unähnlich ist. Und wenn man dann mal einem fremden Kind sagt, wie es beim Hangeln die Hände halten soll, damit es nicht so leicht abrutscht, muss man sich vielleicht einen Spruch anhören, wie: „Hei Opa, Du bist nicht der Direktor vom Spielplatz“, was ja irgendwie auch stimmt.

Spaß macht diese „Action“, wie die Enkel es nennen würden, trotzdem und für die alten Knochen ist es sicherlich auch nicht verkehrt, wenn sie mal wieder richtig durchgewärmt werden.

Es gibt natürlich noch andere Herausforderungen, denen man sich entweder stellen oder eine saubere Begründung dafür haben muss, warum man irgendwas nicht mitmachen kann. Da sind z.B. in vielen Frei- und Hallenbädern diese wahnsinnig langen und kurvenreichen Wasserrutschen, die in schwindelnder Höhe beginnen und mit einer Öffnung über dem Wasser enden. Niemals würde man mit 70 und mehr Jahren freiwillig diese Treppen hochgehen, durch deren Gitterstufen man in die Tiefe gucken kann, um sich dann oben unmittelbar vor einer Horde von Kindern auf eine ganz spezielle Reise zu begeben. Auf Grund des etwas höheren Rutschgewichts, kann man als Opa nämlich durchaus vor oder hinter einer Kurve stecken bleiben, weil man nicht genug Wasser unterm Hintern hat. Dann versucht man durch Hinlegen zu beschleunigen, während man schon von oben die nachfolgenden schreienden Kinder hören kann. In einer gewissen Panik kann man dann durch Abstoßen mit den Händen eine so hohe Geschwindigkeit erreichen, dass die Badehose sich zu einem Heizkissen entwickelt. Wenn man bei dieser Übung noch ein Enkelkind zwischen den Beinen sitzen hat, bekommt die Tour noch einen zusätzlichen Kick, vor allem, wenn man am Ende mit einem Platsch untergeht, das Enkelkind dabei aber krampfhaft über Wasser zu halten versucht. Da ist es schon wesentlich einfacher, wenn der Nachwuchs alleine rutscht, bisweilen mit einer futuristischen Schwimmbrille auf der Nase auf dem Bauch aus der Röhre schießt und vom Opa nur noch aufgefangen werden muss.

Eine Sache, die man nicht mitmachen muss, um auch

dafür ein Beispiel zu nennen, ist ein Spaziergang im Klettergarten, mehr oder weniger in Höhe der Baumwipfel. Da kann man sich rausreden mit der Tragfähigkeit der Seile, die für das Gewicht vom Opa einfach nicht ausreicht. Ob diese Erklärung geglaubt wird, ist allerdings nicht 100prozentig sicher.....

Insgesamt ist es super, dass man bei den Enkelkindern nicht immer vernünftig sein muss, und bisweilen zeigt man auch nicht die Konsequenz, die man den eigenen Sprösslingen für die Erziehung der Kinder immer ganz besonders ans Herz legt.

Man sollte sich dabei allerdings von den eigenen Kindern nicht erwischen lassen, was übrigens auch für die eine oder andere Gelegenheit gilt, in denen unser Verhalten pädagogischen Ansprüchen nicht vollständig genügt.... Auch dafür gäbe es viele Beispiele, die man aus erzieherischen und Geheimhaltungsgründen leider in diesem Büchlein nicht veröffentlichen kann.

Und eh man sich versieht, ist es nicht mehr der Opa, der dem Enkelkind die Welt erklärt, sondern es geht genau anders herum.

Was ich damit meine, das ist eine neue Geschichte.

Lass man Opa, ich mach schon

Dass ein Enkelkind langsam groß wird, das merkt man eigentlich in vielen Bereichen, wie damals bei den eigenen Kindern. Am Anfang, da kann man ja auch als Opa - es sei denn, man ist so ein spät berufenes Exemplar - noch schneller rennen und weiter springen als so ein Knirps. Aber das ändert sich sehr schnell, und auch beim Tischtennis verlässt man die Platte immer öfter nicht mehr als Sieger und ist außerdem froh, dass heute ein Satz nicht mehr bis 21 geht.

Anders als vor Jahrzehnten bei den eigenen Kindern, ist bei den Enkeln für einen Opa die Zeit der physischen Überlegenheit, um es einmal etwas formal auszudrücken, deutlich schneller vorbei. Keine Ahnung, woran das liegen mag. Kommt mir bloß nicht mit dem Alter!!!

Bei den geistigen Wettkämpfen geht man beim Memory schnell unter, aber das war ja auch früher schon so. Bei Mühle oder Schach kann der Opa noch ziemlich lange mithalten, aber dann gibt es auch auf diesem Gebiet die ersten Niederlagen.

Zusätzlich zu den Bereichen, in denen man sich schon als Vater mit seinen Kindern messen konnte und musste, gibt es heute natürlich gänzlich neue Herausforderungen, denen man sich stellen muss, bzw. mit denen man manchmal auch gar nicht mehr zurechtkommt.

Das fängt mit so Kleinigkeiten an, dass man z.B. bei einem Besuch der Kinder für das Enkelkind eine DVD oder

CD mitgebracht hat, die man dann vergeblich versucht, in den Player zu schieben und vom Enkel der Spruch kommt: „Lass man Opa, ich mach schon“.

Gewusst wie, aber dieses Mal andersrum. Nicht der Opa hat‘s gewusst, sondern dieses Enkelkind, von dem man überhaupt nicht kapiert, dass es die Grundschule schon hinter sich hat und aufs Gymnasium geht und zwar nicht in die Sexta, wie die 5. Klasse auf der Penne früher hieß, ich meine diese Zeit, na ja, Sie wissen schon... sondern schon eine oder sogar mehrere Klassen weiter ist.

So, und damit kommen wir in die Welt der Elektronik, eine Welt, in der die heutigen Enkel aufwachsen, während ihre Großeltern davon z.T. bis heute nicht einmal gestreift wurden.

Wer Ende der 80er Jahre das Glück hatte, dass - aus welchen Gründen auch immer - ein Commodore 64 zur Verfügung stand, weiß heute ja wenigstens seit gut 25 Jahren, dass es Computer gibt. Aber auch auf diesem Gebiet hat eine gewisse? Weiterentwicklung stattgefunden und zwar häufig nicht in Schritten, sondern in Sprüngen. Und je älter man wird, desto schwerer fällt es bekanntlich zu springen. Da kann man sagen: Einmal mehr ein Riesenglück, dass es Enkelkinder gibt. „Nicht-Opas“ mit den altersbedingten und durchaus üblichen Schwierigkeiten auf dem Gebiet der elektronischen Medien und Geräte müssen sich, falls sie auch keine eigenen Kinder haben, Computer-Spezialisten suchen, wenn der Blechtrottel mal wieder nicht das macht, was man will oder aus irgendwelchen, nicht nachvollziehbaren Gründen die Arbeit vollständig verweigert. Kinder können solche Probleme zwar in den meisten Fällen auch lösen, aber die Frage ist dann immer, ob und wann sie denn Zeit dafür haben. Bei Enkeln ist das völlig anders. Die kann man anrufen, und dann bewegen sie mit Hilfe des Team-Viewers wie mit Geisterhand die Maus, die eigentlich dem Opa gehört - im Ruhrgebiet würde man sagen, „dem Oppa seine Maus" - und lösen das Problem mit ein paar Klicks auf der rechten Maustaste schneller, als der Opa die Bewegungen der Maus überhaupt nachvollziehen kann. Wohnt das Enkelkind in derselben Stadt. kommt es einfach schnell vorbei und löst das Rätsel.

In beiden Fällen hat der Opa die Schwierigkeit nachzuvollziehen, was der familieneigene Spezialist gerade gemacht hat, und im Erklären ist der hoffnungsvolle Nachwuchs in der Regel nicht so bewandert. Hinzu kommt, dass jede Generation ihre eigene Sprache hat, was ja auch früher schon so war. Heute ist das aber ein Kauderwelsch aus Deutsch und Englisch. Dazu kommen Unmengen von Abkürzungen, die man als Laie nicht entschlüsseln kann, und ein Wörterbuch gibt es dafür nicht. Wiederholung von Opas Fragen führt meistens auch nicht weiter, weil der Computer eben nur mit 0 und 1 arbeitet, und der Großvater noch ein analoges Gehirn hat. Enkelkinder können sich offensichtlich durchaus in den Blechtrottel hineinversetzen und verstehen dessen Sprache. Zum leicht frustrierten Opa gewandt, heißt es dann ganz locker: „Alles wieder o.k., Opa, und wenn mal wieder was ist, meld Dich einfach!"

Die Kommunikation zwischen Enkeln und Großvätern unterscheidet sich natürlich auch von den Zeiten, als man selbst noch einen Opa hatte. Es werden keine Briefe mehr geschrieben, sondern Mails, und auch Zeugnisse werden in der Regel nicht mehr per Post geschickt, sondern eingescannt und an eine E-Mail gehängt. Geblieben ist allerdings, dass für eine „1“ auf dem Zeugnis eine andere Belohnung erwartet wird als für eine „2“. In diesem Zusammenhang muss man sich daran erinnern, dass es früher häufig auch die Noten befriedigend, ausreichend und sogar mangelhaft gab, die heute weitgehend ausgestorben zu sein scheinen. Wahrscheinlich ist die Enkelgeneration einfach schlauer oder sollte man früher strenger benotet haben? Eine solche Erklärung würden die Enkelkinder mit Nachdruck ins Reich der Fabeln verweisen!

Also: Papierpost gibt es nicht mehr, sondern in der Regel nur noch elektronische Informationen. Sogar SMS sind bei der Nachwuchsgeneration mittlerweile weitgehend ausgestorben. Staatdessen schickt man Whatsapps. Letzteres geht allerdings nur, wenn Opa auch ein Smartphone hat.

Trotzdem prima, dass die Enkel so sicher auf der Elektronik-Welle schwimmen. Im Gegenzug kann Opa dann mal helfen, wenn das Fahrrad einen Platten hat. Der lässt sich nämlich nicht elektronisch reparieren!

Wenn es um die Bundesliga geht, kann man nicht nur mit den eigenen Söhnen, sondern auch mit den Enkel-Fußball-Experten eine Kick-Tipp Wettgemeinschaft gründen. Am Ende der Saison werden dann die Preisgelder für die Platzierung verteilt. Ratet mal, wer meistens die ersten Plätze belegt...? Dafür revanchieren sich die Enkel mit schnellen und zuverlässigen Aussagen, wenn Opa mal wieder vergessen hat, bei welchem Club dieser oder jener Spieler unter Vertrag ist, der erstmalig in der Nationalmannschaft antritt.

Und genau so soll es: Echte Partnerschaft zwischen Enkel und Opa, besser noch eine echte Freundschaft; denn Freunde müssen nicht gleich alt sein, sondern sich aufeinander verlassen können. Dazu gehört auch, kleine und große Geheimnisse mit einander zu teilen.

Darüber in der nächsten Geschichte noch ein bisschen mehr.

Enkel-Teenies und Enkelmänner

Wenn man das große Glück hat, nicht nur selbst schon ziemlich früh eine lebenslange Frau gefunden und auch Kinder bekommen zu haben, sondern diese Sprösslinge sich auch bereits in jungen Jahren vervielfältigt haben oder - das ist die Alternative- selbst so alt zu werden, dass man Enkel-Teenies und Enkelmänner erleben darf, dann ist das noch ein dickes Geschenk obendrauf.

Ich weiß nicht, ob es den geneigten Leserinnen und Lesern schon mal aufgefallen ist, dass es zwischen heranwachsenden Enkeln und ihren Großeltern ein ganz besonderes Verhältnis gibt. Das hängt ganz offensichtlich damit zusammen, dass die Generation der Omis und Opas in ihrem Handeln gegenüber den Enkelkindern keinerlei bestimmten Zweck verfolgen, also überhaupt keine Absichten haben, vor allem auch nicht in erzieherischer Hinsicht. Eltern, zumindest die meisten von ihnen, tun ja alles dafür, dass es ihren Kindern gut geht und sie in dieser Welt bestehen können. Das ist ja auch total in Ordnung und muss so sein. Aber ganz nebenbei möchten die Eltern natürlich auch, bewusst oder auch unbewusst, dass die Kinder so werden wie sie, zumindest ein klein wenig. Sie wollen sich, wie man so schön sagt, in ihren Kindern wiederfinden. Das ist ganz natürlich und auch legitim, solange Eltern in diesem Bestreben die Persönlichkeit des Kindes nicht verbiegen.

Das Verhältnis zwischen Großeltern und Enkel ist dagegen nur davon geprägt, dass alle einfach glücklich sind, sich zu haben. Ich will nicht sagen, dass das für Opas in besonderem Maß zutrifft, aber in diesem Büchlein geht es nun mal nicht um die Omis, sondern um die Opas. Ich habe ja bereits mehrfach den Hinweis gegeben, dass es den Omis natürlich frei steht, ein eigenes Büchlein aus ihrer Sicht zu schreiben.

Es fällt den Enkeln leichter, dem Opa etwas zu beichten als dem Vater, z.B. wenn es um eine schlechte Schulnote geht oder vielleicht sogar darum, dass man die Versetzung in die nächste Klasse wohl nicht schaffen wird. Dann ist ein Opa bestens geeignet, den Eltern solche kleineren oder größeren Katastrophen schonend beizubringen. Auch bei Kinderwünschen, die Eltern nicht erfüllen wollen, sei es aus Sorge oder ganz einfach, weil sie anders darüber denken, kann ein Opa durchaus auch mal als Vermittler fungieren. So ein Opa ist, wie man vielleicht heute sagen würde, ein"native mediator". Dabei kann er sich natürlich selbst auch ordentlich den Mund verbrennen. Aber so ein gestandener Op , der hält das leicht aus. Er hat sich nämlich im Laufe seines langen Lebens schon so oft die Schnauze verbrannt, um es mal etwas drastisch zu formulieren, dass es auf einmal mehr oder weniger nicht ankommt, vor allem dann nicht, wenn die Chance besteht, dass er dem Glück seines Enkclkindes vielleicht ein bisschen nachhelfen kann. Eigentlich gibt es nichts, was ein Opa für sein Enkelkind nicht tun würde, es sei denn, dass es dabei oder dadurch Schaden nehmen könnte. So sind z.B. auch zinslose Kleinkredite möglich, für die eine bei Bankgeschäften übliche Schweigepflicht gilt, ohne dass diese förmlich vereinbart wird. Im Unterschied zu einem Bankkredit, bei dem es passieren kann, dass man Schwierigkeiten hat, ihn zeitgerecht und vereinbarungsgemäß zu bedienen, könnte es sein, dass bei einem Opa- Kredit auf eine Tilgung teilweise oder sogar vollständig verzichtet wird. Manchmal fällt es einem Opa ja gerade im richtigen Moment ein, dass man „mit warmer Hand geben soll"... Wenn ein Enkelkind im Teenie-Alter von einem bestimmten Kleidungsstück träumt, das die Eltern für überteuert oder zu knallig halten, kann es passieren, dass der Opa das völlig anders sieht, vor allem, nachdem man ein bisschen auf seinem Schoß gesessen hat! Manchen Opas kann man ja dabei nicht nur um den Bart gehen, sondern sogar einen echten kraulen, was Opas, wie ich aus eigener Erfahrung weiß, ausgesprochen genießen!

Auch bei Liebeskummer ist ein Opa eine gute Adresse. Erstens hat er meistens einen Rat und zweitens kann er schweigen. Dazu kommt häufig eine altersbedingte Vergesslichkeit, die in einem solchen Fall durchaus von Vorteil sein kann.

Der große Altersunterschied zwischen Opa und Enkel schließt in den meisten Fällen Reibungsverluste aus, wie sie zwischen Eltern und Kindern naturgemäß immer wieder vorkommen. Ein Opa kann seine Position oder Antwort auf Grund seiner Lebenserfahrung mit so vielen Beispielen oder aus eigenem Erleben belegen, dass es sich für einen Enkel immer lohnt, wenigstens darüber nachzudenken.

Aber der Opa gibt natürlich nicht nur, sondern er bekommt von den Enkeln auch zurück.

Nicht selten sind es die Enkelkinder, die sich dagegen stemmen, wenn man den Opa ins Heim stecken will. Sie sind gern bereit mitzuhelfen, soweit sie räumlich verfügbar sind, bei der Pflege zu unterstützen, damit der Opa noch eine Zeit lang zu Hause bleiben kann.

Bei Fernsehübertragungen von Sportveranstaltungen oder Quiz-Shows kann man immer wieder erleben, dass der oder die Siegerin nicht die Eltern, sondern unbedingt den Opa - zugegebenermaßen auch mal die Omi - grüßen, weil sie diese besonders lieb haben.

Das kommt auch durch eine gemeinsam erlebte Zeit in der Kindheit, wo der Opa eben immer da war. Häufig hat er dem Enkel den ersten Drachen oder Flitzebogen gebaut, hat mit ihm eine Seifenkiste gezimmert, und der Enkel hat den Opa überredet, doch noch mal einen Kopfsprung vom 3-Meter zu machen. Alles Sachen, die zusammenschweißen und ein Leben lang halten.

Deshalb kann diese gemeinsame glückliche Zeit gar nicht lange genug dauern.

HURRA, ES BLEIBT – EINE FAST PHILOSOPHISCHE SCHLUSSBETRACHTUNG

Aber leider dauert diese Enkel-Opa Zeit nie so lange, wie man möchte. Das ist natürlich ein bisschen traurig, aber so ist das Leben nun mal.

Deshalb gilt es, die gemeinsame Zeit genießen. Dabei muss man als Opa mit dem Nachteil leben, dass man die Enkel nicht immer haben kann und sie häufig auch noch mit den anderen Großeltern teilen muss, weil die ihre Enkel natürlich genauso lieb haben wie man selbst.

Auf der anderen Seite - und das kann man ja ruhig auch mal zugeben - haben Enkelkinder - im Gegensatz zu den eigenen Kindern - den Vorteil, dass man sie auch wieder abgeben kann, wenn man geschafft ist oder einfach mal wieder mit der lebenslangen Frau für sich sein möchte.

Last but not least möchte ich aber nicht vergessen zu sagen, was für mich neben dem Erleben der Enkel das Wichtigste ist, nämlich die Tatsache, dass es sie überhaupt gibt und durch sie neben unseren Kindern und Schwiegerkindern wirklich etwas von uns bleibt.

Mit den Enkelkindern schließt sich der Kreis, der für uns mit unseren eigenen Eltern oder auch Großeltern begonnen hat. Jetzt weiß man, dass das Leben auch ohne unser unmittelbares Zutun weitergehen wird und zwar nicht irgendwo da draußen, sondern in unserer Familie, in unserer ganz persönlichen, kleinen Welt.

Dafür nehme ich gern in Kauf, dass ich mit nunmehr fast 71 Jahren meine Lebensmitte bereits knapp überschritten habe. Ich tu, solange es noch geht, so, als wenn das gar nicht stimmt, und für die Enkel ist es sowieso egal, wie alt ich bin, weil ich ihr Opa bin und bleibe, der immer für sie da ist.

Deshalb ist das Einzige, was ich mir wirklich wünsche, dass ich mich noch so lange halte, dass sich, wenn ich tot bin (was hoffentlich noch eine Welle dauert) all unsere Enkelkinder später noch an mich erinnern können und natürlich auch an ihre Omi, obwohl die ja selbst noch ein Büchlein schreiben soll....!

Mehr von Jürgen Hübschen

Badetag und Wundertüte

„Der Leser findet seine Kindheit wieder in der Erzählung von Jürgen Hübschen“
Münstersche Zeitung

„Genüsslich beschreibt Jürgen Hübschen die Prozedur des Brauspulver-Leckens und alle Leser spüren wieder das Prickeln auf der Zunge“
Westfälische Nachrichten

agenda Verlag, Münster 2009, 120 Seiten, 2. erweiterte Auflage, 12,00 €, ISBN 978-3-89688-395-7

Der Lack ist ab – na und?!

Lebens- und Überlebenshilfe für alle, die auch vom Alter überrascht wurden

„Das Buch schafft nicht nur ein wenig Trost, vielmehr bündelt der Berufsoptimist Jürgen Hübschen hier ein weiteres Mal seinen Humor und holt die Leser - und nicht nur die seiner Generation - auf die Sonnenseite des Lebens oder beleuchtet jene Schattenseiten mit einer gehörigen Portion Sprachwitz.“
Der Coesfelder

agenda Verlag, Münster 2007, 100 Seiten, 12,00 €, ISBN 978-3-89688-325-4

Badetag und Wundertüte (Hörbuch)

als **Hörbuch im MP3-Format**
Gesamtspielzeit 3 Std. 57:50 Min
vom Autor selbst gelesen

agenda Verlag, Münster 2008, 14,80 €
ISBN 978-389688-344-5

„Hecht ist leider aus“

oder: Worüber ich mich schon immer mal aufregen wollte

Hübschen erzählt in seinem neusten Büchlein von einigen typischen Nickeligkeiten des Alltags, über die sich Otto der Normalverbraucher aufregen muss und auch aufregen will. Mit gewohnt leichter Feder und einer Menge Humor zeigt er die unterschiedlichsten Anlässe auf, bei denen uns schnell „der Kragen zu eng wird“.Gleichzeitig macht er uns auf eine hintergründige Art und Weise klar, dass uns diese kleinen Ärgernisse miteinander verbinden, weil wir sie ja alle, wenn auch vielleicht in unterschiedlicher Intensität, erleben und aushalten müssen.
Hübschen behauptet, dass man sich irgendwie besser fühlt, wenn man das Büchlein gelesen hat!

agenda Verlag, Münster 2010, 132 Seiten, 12,00 €
ISBN 978-3-89688-410-7

Denn was Tauben sich erlauben

Oder worüber ich mich sonst noch aufrege

Jürgen Hübschen lässt es weiter menscheln! Auch bei *Denn was Tauben sich erlauben* gewinnt er den Widrigkeiten des Lebens die humorvolle Seite ab. Die Frage, warum dies neue Büchlein „einfach sein muss", ist mit der unerschöpflichen Anzahl der Fälle, der Zu- und Zwischenfälle, mit den Zwängen, mit der Alltagskomik, den Situationen und Befindlichkeiten unseres Lebens mehr als hinreichend erklärt. Was alle betrifft, macht uns Hübschen bewusst: Welch umfassendes Ärgerpotenzial beinhalten die Tauben der Stadt? Welches die Bohrgeräusche aus irgendeiner, niemals zu ortenden Nachbarswohnung? Oder – welche inneren und äußeren K(r)ämpfe hat nicht jeder von uns beim Selbstbau mit dem Achtkantschlüssel eines (ungenannten) Möbelhauses schon verzweifelt durchgestanden?

In der Tat: Die Welt des schicksalhaften Aufregens kann nur wirklich verstehen, wer nach tiefgründigem „Hecht" jetzt auch die „Tauben" zur Hand nimmt!

agenda Verlag, Münster 2012, 138 Seiten, 12,00 €
ISBN 978-3-89688-483-1

Der Irak-Kuwait-Krieg

Chronologie einer programmierten Katastrophe

„Wer sich über die Vorgeschichte der Ereignisse am Golf ein Bild machen möchte, findet im Buch von Hübschen eine Fülle von Detailinformationen. Die klare und direkte Sprache lässt dabei die Lektüre zur kurzweiligen Angelegenheit werden – ein lesenswertes Buch".
Frank Henning, Magazin: ***Die Bundeswehr***

Detlef Mönch, Druck & Verlag, Essen 2003, 3. überarbeitete Auflage, 418 Seiten, ISBN 3-934173-09-8
Sonderpreis 5 €
www.friedenssicherung-und-sicherheitskonzepte.de

Waffen nach Nahmittelost- der Weg in die „Neue Weltordnung" ?

Der langjährige Verteidigungsattaché bei der Deutschen Botschaft in Bagdad setzt sich in seinem neuen Buch mit der Verwirklichung der vom ehemaligen US-Präsidenten George Bush versprochenen „Neuen Weltordnung" kritisch auseinander.

Edition Ergon, Pfungstadt 1994, ISBN 3-927960-23-3

Die Zukunft des Irak – Pax Americana?

„Überhaupt ist Hübschens Buch voller überraschender Zitate. Sein umfangreiches Werk wird dadurch lesbar, dass man fast überall einsteigen kann und sofort einen Einblick in den Verlauf

der Ereignisse bekommt. Hübschen hat ein gut strukturiertes, ein fast enzyklopädisches Buch vorgelegt, das voll von Daten und Fakten ist. Inhaltlich setzt sich der Fachmann Hübschen deutlich von der amerikanischen Politik ab."
Heiko Flottau, ***Süddeutsche Zeitung***

Edmund Steinschulte Verlag, Wiesbaden 2008, 2. überarbeitete Auflage, 640 Seiten, ISBN 978-3-86778-004-9
Sonderpreis 8 €
www.friedenssicherung-und-sicherheitskonzepte.de

Antönnchen, der kleine Hase
Gute-Nacht-Geschichten für große und kleine Leute

1. Auflage mit CD vom Autor selbst gesprochen
Illustriert von Gabriele Russell
Sonderpunkt Verlag, Münster 2008
14,90 €
ISBN 978-3-938329-40-5

Antönnchen und seine Freunde
Neue Geschichten von Antönnchen, dem kleinen Hasen

1. Auflage mit CD vom Autor selbst gesprochen
Illustriert von Gabriele Russell

Sonderpunkt Verlag, Münster 2009
14,90 €
ISBN 978-3-938329-46-7

Antönnchen will Fliegen lernen
und andere lustige Geschichten vom kleinen Hasen

1. Auflage mit CD vom Autor selbst gesprochen
Illustriert von Gabi Russell
14,90 €
Sonderpunkt Verlag, Münster 2011
ISBN 978-3-938329-78-8